首都圏版⑱　最新入試に対応！家庭学習に最適の問題集!!

星美学園小学校

2022年度版 過去問題集

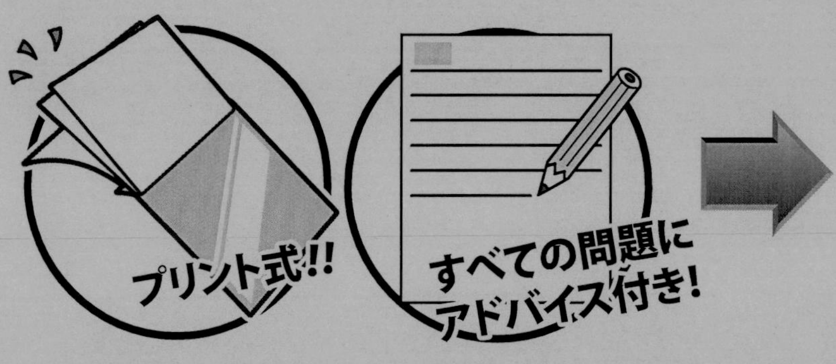

<問題集の効果的な使い方>

①お子さまの学習を始める前に、まずは保護者の方が「入試問題」の傾向や、どの程度難しいか把握します。もちろん、すべての「学習のポイント」にも目を通してください

②各分野の学習を先に行い、基礎学力を養いましょう！

③「力が付いてきたら」と思ったら「過去問題」にチャレンジ！

④お子さまの得意・苦手がわかったら、その分野の学習を進め、全体的なレベルアップを図りましょう！

合格のための問題集

星美学園小学校

お話の記憶	お話の記憶問題集 中級編
記憶	Ｊｒ・ウォッチャー 20「見る記憶・聴く記憶」
数量	Ｊｒ・ウォッチャー 14「数える」、37「選んで数える」
推理	Ｊｒ・ウォッチャー 33「シーソー」
図形	Ｊｒ・ウォッチャー 54「図形の構成」

2019～2021年度
過去問題
掲載
＋
各問題に
アドバイス付!!

日本学習図書（ニチガク）

家庭学習ガイド
星美学園小学校

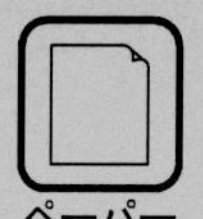

入試情報

募集人数：男女約120名（内部進学者を含む）
応募者数：男子176名　女子116名
出題形態：ペーパー、ノンペーパー
面　　接：保護者・志願者
出題領域：ペーパー（数量、推理、図形、記憶、常識）、運動

入試対策

2021年度の入試は例年とは少し異なり、制作の代わりに運動が実施されました。運動とは言っても、教室内に行う指示行動的な内容が中心だったので、特別な対策が必要なものではありません。ただ、予期していない課題にお子さまが戸惑ってしまう可能性もあります。変化や変更にしっかりと対応できる準備をしておくことをおすすめします。
ペーパーテストは、数量、推理、図形、常識、記憶といった分野からの出題です。問題はそれほど複雑ではありませんが、解答時間が短く設定されているので、スピード対策が必要な入試と言えるでしょう。内容は理解力や年齢相応の思考力・観察力が求められる標準的な小学校入試になっています。ここ数年は、お話の記憶と見る記憶の問題が両方出題されています。また、本校の特徴的な問題として、行動推理の問題があります。これは、その場にいない人の行動を考えるという、慣れていないと少し難しい問題です。

- 例年、ペーパーテストの傾向に大きな変化はありません。過去問で傾向をつかみ、基礎学習を徹底して行うようにしてください。基礎学習を幅広く行うことが当校の対策になります。

- 問題数が多く、解答時間も短いため、スピードを意識した対策が必要になります。ただ、基礎ができていなければ、問題を早く解くことはできません。当然のことですが、基礎をしっかり身に付けた上でスピード対策に取り組みましょう。

- 面接では、保護者に対して、出身校や子どもといっしょにいる時間、仕事、趣味、キリスト教の学校についての考えなど、さまざまな内容が質問されます。しっかりと準備をしておきましょう。

- 2021年度入試では、例年行われている制作ではなく、運動が行われました。2022年度入試においてもこうした変更は充分に考えられます。コロナ禍では、はじめての課題にも慌てることなく臨機応変に対応できる力が必要になります。

「星美学園小学校」について

<合格のためのアドバイス>

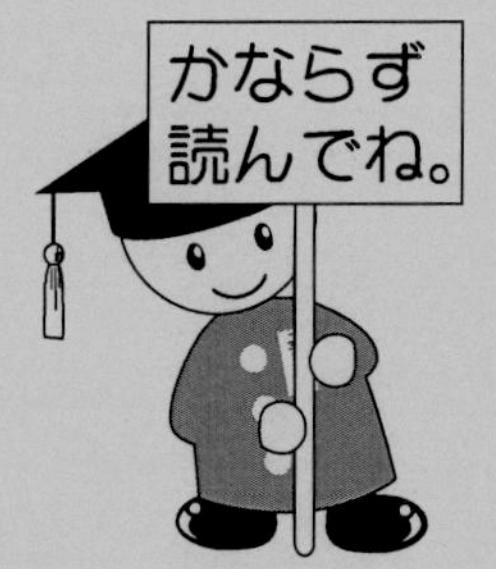

当校は、聖ドン・ボスコが提唱した予防教育法を柱に日々の教育活動が行われています。志望される方は、予防教育がどのような内容かをきちんと理解する必要があります。あえて要約するなら、人とのかかわりに重きをおいている教育ということになるのですが、とても全体像を一言で言い表わせません。

当校は例年、試験の内容を数回の説明会において徐々に明らかにしていきます。ただ、2021年度入試では、学校に行く機会は見学会のみでした。見学会として実施されましたが、説明会も行われ、試験についての話もあったようです。2022年度入試の説明会がどのような形で行われるかは不透明ですが、できる限り参加しておいた方がよいでしょう。

ペーパーテストは、数量、推理、図形、記憶、常識の分野が出題されました。記憶力・観察力が問われるのが特徴的です。また、推理力・思考力が必要な問題も出題されています。広範囲に渡る出題ですが、ペーパー学習だけでなく実体験や具体物を使った学習で基礎をしっかりと築いておくようにしましょう。

面接は、志願者に対する質問に多くの時間を費やし、家族や幼稚園について聞かれます。自分の考えをしっかり持ち、その考えが伝わるように話しましょう。

そのほかの観点では、整理整頓、お友だちとの関わり方、よい生活習慣が身に付いているかがあります。よい生活習慣をお子さまが自分で行えるようにするためには、どうすればよいか保護者の方が考えてみましょう。すると日々の生活の中に多くのヒントが隠されていることがわかります。保護者の方がヒントを見つけ、それを子どもにきちんと伝えているかどうか、と学校は捉えています。そういったところで保護者の子育て、躾面での影響が大きく反映されることから、入学試験において保護者の役割は大きいと言わざるを得ません。

〈2021年度選考〉

◆ペーパーテスト
◆運動
◆保護者・志願者面接

◇過去の応募状況

2021年度	男子176名	女子116名
2020年度	男子132名	女子151名
2019年度	男子142名	女子137名

入試のチェックポイント

◇受験番号は…「願書受付順」
◇生まれ月の考慮…「なし」

〈本書掲載分以外の過去問題〉

◆数量：おかずを組み合わせて、お弁当が何個できるか。[2018年度]
◆図形：見本と同じになるように回転させた絵に○を描き加える。[2018年度]
◆常識：料理、掃除をする時に使う道具を選ぶ。[2018年度]
◆常識：違う高さから砂の上に玉を落とした時の状態を選ぶ。[2018年度]
◆推理：なぞなぞ。[2018年度]

星美学園小学校
過去問題集

〈はじめに〉

現在、少子化が叫ばれているにもかかわらず、私立・国立小学校の入学試験には一定の応募者があります。入試は、ただやみくもに学習するだけでは成果を得ることはできません。志望校の過去における出題傾向を研究・把握した上で、練習を進めていくこと、その上で試験までに志願者の不得意分野を克服していくことが必須条件です。そこで、本問題集は小学校を受験される方々に、志望校の出題傾向をより詳しく知って頂くために、過去に遡り出題頻度の高い問題を結集いたしました。最新のデータを含む精選された過去問題集で実力をお付けください。

志望校の選択には弊社の「2022年度版　首都圏・東日本　国立・私立小学校　進学のてびき」を参考になさってください。

〈本書ご使用方法〉

◆出題者は出題前に一度問題を通読し、出題内容などを把握した上で、〈準　備〉の欄に表記してあるものを用意してから始めてください。
◆お子さまに絵の頁を渡し、出題者が問題文を読む形式で出題してください。問題を読んだ後で、絵の頁を渡す問題もありますのでご注意ください。
◆「分野」は、問題の分野を表しています。弊社の問題集の分野に対応していますので、復習の際の目安にお役立てください。
◆一部の描画や工作、常識等の問題については、解答が省略されているものがあります。お子さまの答えが成り立つか、出題者が各自でご判断ください。
◆〈時　間〉につきましては、目安とお考えください。
◆解答右端の［○年度］は、問題の出題年度です。［2021年度］は、「2020年の秋から冬にかけて行われた2021年度入学志望者向けの考査で出題された問題」という意味です。
◆学習のポイントは、指導の際にご参考にしてください。
◆【おすすめ問題集】は各問題の基礎力養成や実力アップにご使用ください。

〈本書ご使用にあたっての注意点〉

◆文中に **この問題の絵は縦に使用してください。** と記載してある問題の絵は縦にしてお使いください。
◆〈準　備〉の欄で、クーピーペンと表記してある場合は12色程度のものを、画用紙と表記してある場合は白い画用紙をご用意ください。
◆文中に **この問題の絵はありません。** と記載してある問題には絵の頁がありませんので、ご注意ください。なお、問題の絵の右上にある番号が連番でなくても、中央下の頁番号が連番の場合は落丁ではありません。

下記一覧表の●が付いている問題は絵がありません。

問題1	問題2	問題3	問題4	問題5	問題6	問題7	問題8	問題9	問題10
問題11	問題12	問題13	問題14	問題15	問題16	問題17	問題18	問題19	問題20
				●	●				
問題21	問題22	問題23	問題24	問題25	問題26	問題27	問題28	問題29	問題30
問題31	問題32	問題33	問題34	問題35	問題36	問題37	問題38	問題39	問題40
●									
問題41	問題42	問題43	問題44						
			●						

㊢ 先輩ママたちの声！

◆実際に受験をされた方からのアドバイスです。
ぜひ参考にしてください。

星美学園小学校

・実際に学校に行けるイベントは見学会のみでした。見学会では短時間でしたが説明会も行われ、オンラインでの説明会よりも入試についての話を詳しく聞けたので参加した方がよいと思います。

・面接前は私も主人も緊張していましたが、息子は意外にも平気そうでした。シスターがとてもやさしく接してくださったおかげだと思います。

・１人ひとりをしっかりと観るテストです。しっかりと対策をした方がよいと思いました。

・面接では、コロナ対策を意識してか、待ち時間はほとんどなく、ほかの家族と会うこともありませんでした。また、家庭や子どものことを細かく聞かれたので、親子はもちろん家庭内でしっかりとコミュニケーションをとっておく必要があると思います。

・ペーパーテストの開始前に名前を書かされたそうです。評価に関係あるのかどうかはわかりませんが、準備をしておいた方がよいでしょう。

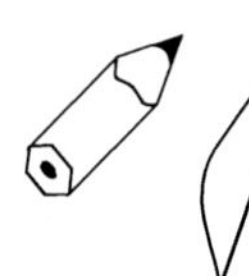

◎学習効果を上げるため、前掲の「家庭学習ガイド」及び「合格のためのアドバイス」をお読みになり、各校が実施する入試の出題傾向を、よく把握した上で問題に取り組んでください。
※冒頭の「本書ご使用方法」「本書ご使用にあたっての注意点」も併せてご覧ください。

〈星美学園小学校〉

2021年度の最新問題

問題1　分野：数量（たし算・ひき算）

〈準備〉　鉛筆

〈問題〉　下の段の四角の中にある数を合わせると上の段の数になります。空いている四角の中に入る数はいくつになるでしょうか。その数の分だけ○を書いてください。

〈時間〉　15秒

問題2　分野：推理（シーソー）

〈準備〉　鉛筆

〈問題〉　くだものの重さ比べをすると上の段のようになりました。下の段の四角の中から１番重いものに○、１番軽いものに×をつけてください。

〈時間〉　20秒

問題3　分野：数量（一対一の対応）

〈準備〉　鉛筆

〈問題〉　スプーンとフォークを１本ずつ組み合わせると何セットできるでしょうか。下の段の四角の中にその数の分だけ○を書いてください。

〈時間〉　20秒

問題4　分野：推理（ブラックボックス）

〈準備〉　鉛筆

〈問題〉　１番上の段の四角を見てください。バナナの箱を通るとボールは２つ増えます。イチゴの箱を通るとボールは１つ減ります。では、下の段の１番左にあるボールが箱を通るとボールはいくつになるでしょうか。右の四角の中にその数の分だけ○を書いてください。

〈時間〉　30秒

問題5　分野：数量（数える）

〈準備〉　鉛筆

〈問題〉　①上の段を見てください。４本の木の間に人が１人ずつ立つと全部で何人になるでしょうか。その数の分だけ下の四角の中に○を書いてください。
②下の段を見てください。４人の人の間に１本ずつ旗を立てます。両端にも１本ずつ旗を立てます。旗は全部で何本になるでしょうか。その数の分だけ下の四角の中に○を書いてください。

〈時間〉　各15秒

問題6　分野：図形（点図形・模写）

〈準備〉　鉛筆

〈問題〉　上の形と同じになるように下の四角に線を引いてください。

〈時間〉　２分

問題7　分野：図形（同図形探し）

〈準備〉　鉛筆

〈問題〉　１番上の段を見てください。四角いマスを白と黒で塗った模様があります。左の模様の白いマスを黒に、黒いマスを白に塗り替えます。そうすると右の模様になります。
では、お手本のように白いマスを黒に、黒いマスを白に塗り替えるとどんな模様になるでしょうか。選んで○をつけてください。

〈時間〉　１分

問題8　分野：推理（系列）

〈準備〉　鉛筆

〈問題〉　いろいろな矢印が並んでいます。その順番には決まりがあります。空いている四角の中にはどんな矢印が入るでしょうか。選んで○をつけてください。

〈時間〉　30秒

問題9　分野：図形（図形の構成）

〈準備〉　鉛筆

〈問題〉　１番左の形を太線のところで切ります。切った２枚の形を組み合わせてできるのはどれでしょうか。選んで○をつけてください。

〈時間〉　１分

問題10　分野：常識（マナーとルール）

〈準備〉　鉛筆

〈問題〉　①電車の中で周りに迷惑をかけるよくないことをしている人が５人います。その人に○をつけてください。
②公園で周りに迷惑をかけるよくないことをしている人が４人います。その人に○をつけてください。

〈時間〉　各20秒

問題11　分野：記憶（見る記憶）

〈準備〉　鉛筆

〈問題〉　絵を見て形を覚えてください。
（問題11－１の絵を20秒間見せた後、問題11－２を渡す）
①四角のところには何が書いてあったでしょうか。四角の中にその形を書いてください。

絵を見て覚えてください。
（問題11－３の絵を15秒間見せた後、問題11－４を渡す）
②ウサギは何匹いたでしょうか。その数だけ四角の中に○を書いてください。
③サルは何匹いたでしょうか。その数だけ四角の中に○を書いてください。
④１番数の少なかった動物はどれでしょうか。選んで×をつけてください。

〈時間〉　①20秒　②③各10秒　④５秒

問題12　分野：記憶（お話の記憶）

〈準備〉　鉛筆

〈問題〉　**この問題の絵は縦に使用してください。**
お話を聞いて、後の質問に答えてください。

今日はよく晴れた日曜日。タロウくんは休みの日でも７時に起きます。まず洗面所で顔を洗い、歯を磨き、着替えてから朝ごはんを食べます。今日の朝ごはんは、トーストと牛乳とサラダでした。朝ごはんを食べていると、お母さんが「今日は、タロウの好きなリンゴがあるわよ」と言って、リンゴを切ってくれました。リンゴが大好きなタロウくんは大喜びです。
朝ごはんを食べ終わると、おばあちゃんに「洗濯物を干すのを手伝って」と言われたので、タロウくんは靴下とハンカチとＴシャツを干しました。おばあちゃんはスカートとズボンを干しました。
今日はお父さんと公園に行って遊ぶ約束をしているので、タロウくんはとても楽しみです。午後になってお父さんと公園に出かけようとすると、お母さんに「帰りにジャガイモとタマネギとブドウを買ってきて」とおつかいを頼まれました。
公園に着くと、仲良しのハナコさんがなわとびをしていました。ハナコさんが「ちょうどよかった。わたしが何回跳べるかを数えてくれない？」と言ったので、タロウくんは数えてあげることにしました。最初は５回、もう１回挑戦すると７回跳べました。「数えてくれてありがとう。10回跳べるようにがんばっているの」とハナコさんが言ったので、タロウくんは「跳べるようなるといいね」と言いました。その後、お父さんと遊んでいると日が暮れてきたので、お買い物をして家に帰りました。夕ごはんはカレーでした。食後にはブドウを食べました。家族みんなで食べたのでとってもおいしく感じました。

（問題12の絵を渡す）
①タロウくんが起きて最初にしたことは何ですか。選んで○をつけてください。
②タロウくんが朝ごはんの時に食べたものは何ですか。選んで○をつけてください。
③タロウくんが干した洗濯物はどれですか。すべて選んで○をつけてください。
④タロウくんが公園から帰る時にスーパーで買ったものは何ですか。選んで○をつけてください。
⑤ハナコさんは最初になわとびを何回跳びましたか。その数の分だけ四角の中に○を書いてください。

〈時間〉　各10秒

問題13　分野：言語（しりとり）

〈準備〉　鉛筆

〈問題〉　左上にある傘から矢印の方向にしりとりをします。途中の○と△のところには何が入るでしょうか。下の段の四角の中から選んで、それぞれ○と△をつけてください。

〈時間〉　40秒

問題14　分野：記憶（聞く記憶）、推理（行動推理）

〈準備〉　鉛筆

〈問題〉　①マナブくんは幼稚園のお部屋でけん玉で遊んでいます。遊び終わって、上から４番目の引き出しにけん玉をしまいました。マナブくんがけん玉を入れた場所に○をつけてください。
②ケイコさんはマナブくんが使っていたけん玉で遊びました。遊び終わって、元の場所にしまおうと思ったのですが、間違えて２つ下の引き出しにしまってしまいました。ケイコさんがけん玉を入れた場所に○をつけてください。
③お昼ごはんを食べた後、マナブくんはもう一度けん玉で遊ぼうと思いました。マナブくんは最初にどこの引き出しを開けるでしょうか。マナブくんが開ける場所に○をつけてください。

〈時間〉　各10秒

問題15　分野：運動

〈準備〉　なし

〈問題〉　**この問題の絵はありません。**
①頭、肩、膝など、先生と同じところを触る。
②くるっと回って好きなポーズを決める。
③「リレー形式のサーキット運動」（ケンケン、かけっこ、ジグザグ走）
④「落ちた落ちたゲーム」（先生の言葉に合わせて、雷、げんこつ、リンゴのポーズをする）

〈時間〉　適宜

問題16　分野：面接

〈準備〉　なし

〈問題〉　**この問題の絵はありません。**

【父親へ】
・志望理由をお聞かせください。
・お子さんとのコミュニケーションはとれていると思いますか。
・お子さんの成長をどこで感じますか。
・自粛期間はお子さんとどう過ごしていましたか。

【母親へ】
・子育てで大切にしていることは何ですか。
・幼稚園（保育園）ではどんなお子さんだと言われますか。
・躾で気を付けていることはありますか。
・フルタイムで働かれていますか。

【志願者へ】
・お名前を教えてください。
・幼稚園（保育園）では何をして遊びますか。
・幼稚園（保育園）でケンカをすることはありますか。
・ケンカをした時どうやって仲直りしますか。
・新型コロナウイルスを知っていますか。
・新型コロナにならないために何をしていますか。
・習い事はしていますか。
・この学校の名前を知っていますか。
・この学校に来たことはありますか。
・小学校でがんばりたいことは何ですか。
・どんな時に褒められますか。
・好きな絵本はありますか。
・食べものの好き嫌いはありますか。
・幼稚園（保育園）の給食は好きですか。

〈時間〉　15分程度

問題 1

①

②

問題２

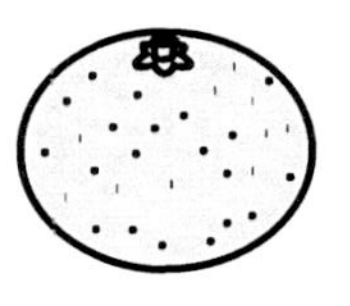

問題3

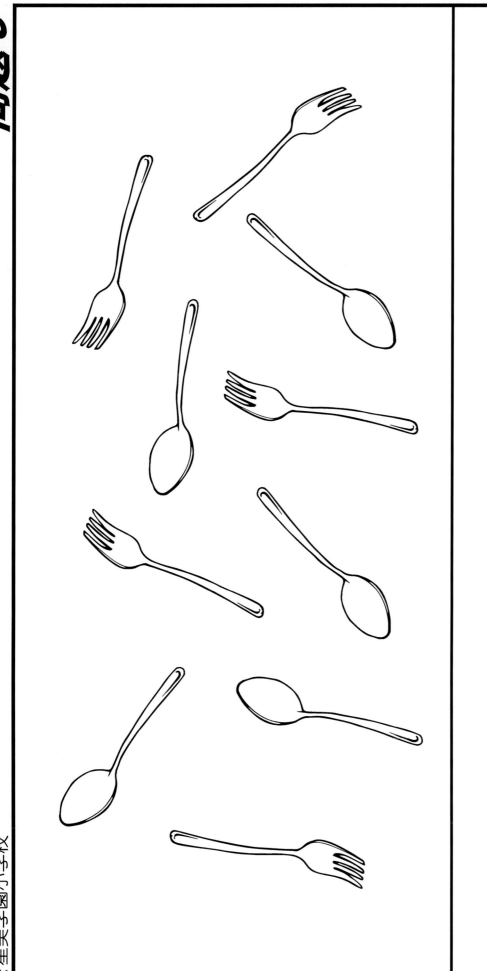

問題 4

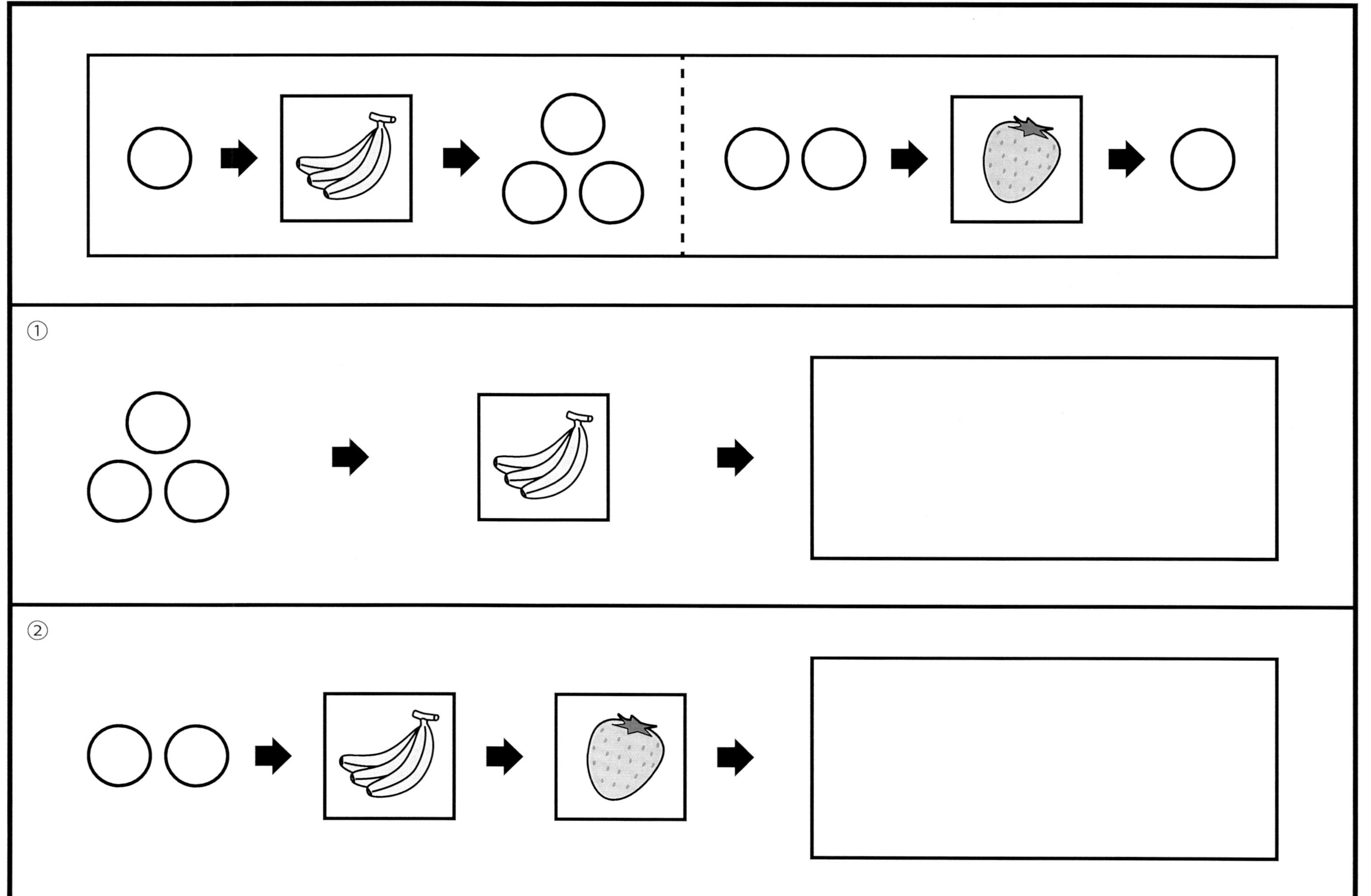

①

②

問題6

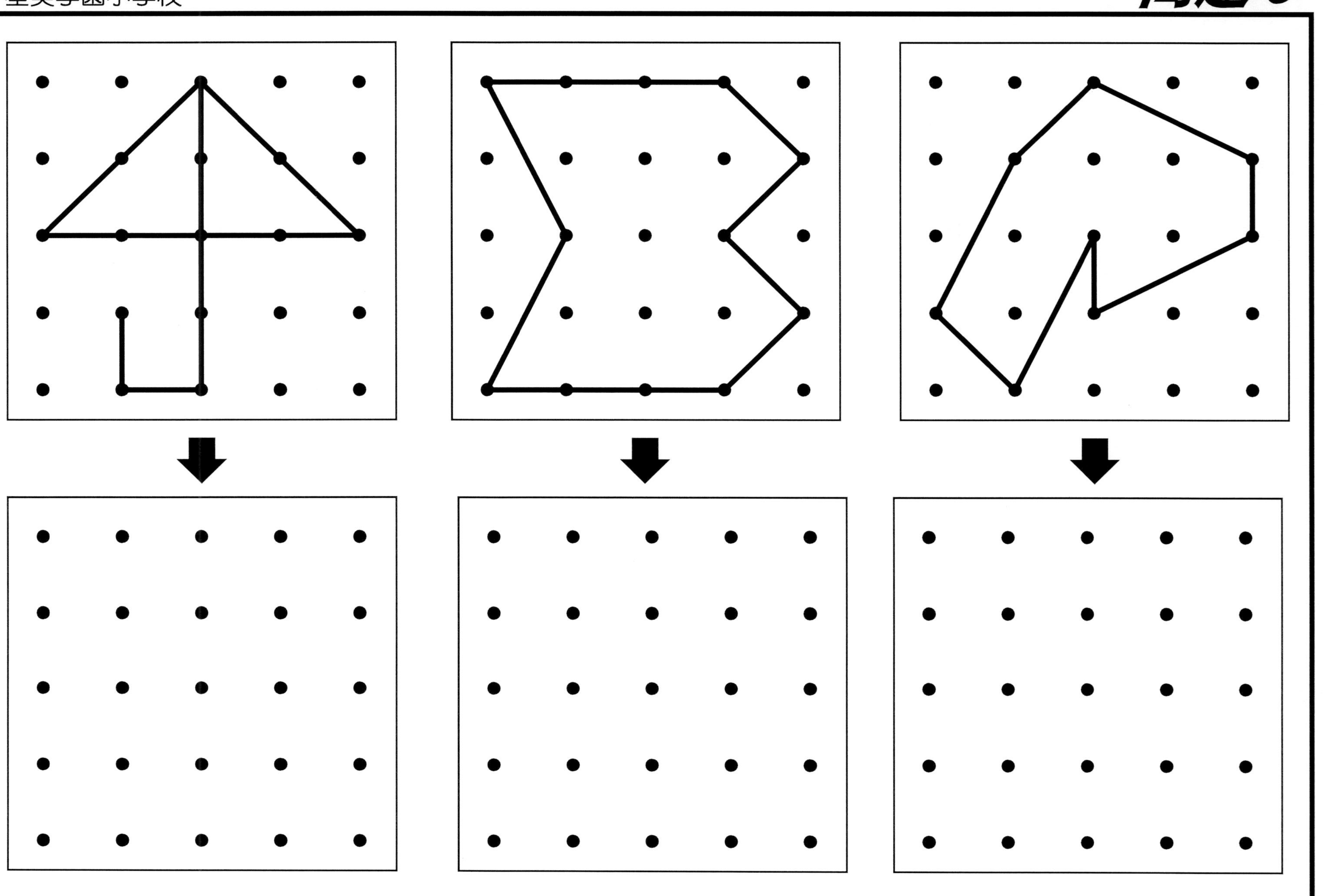

問題7

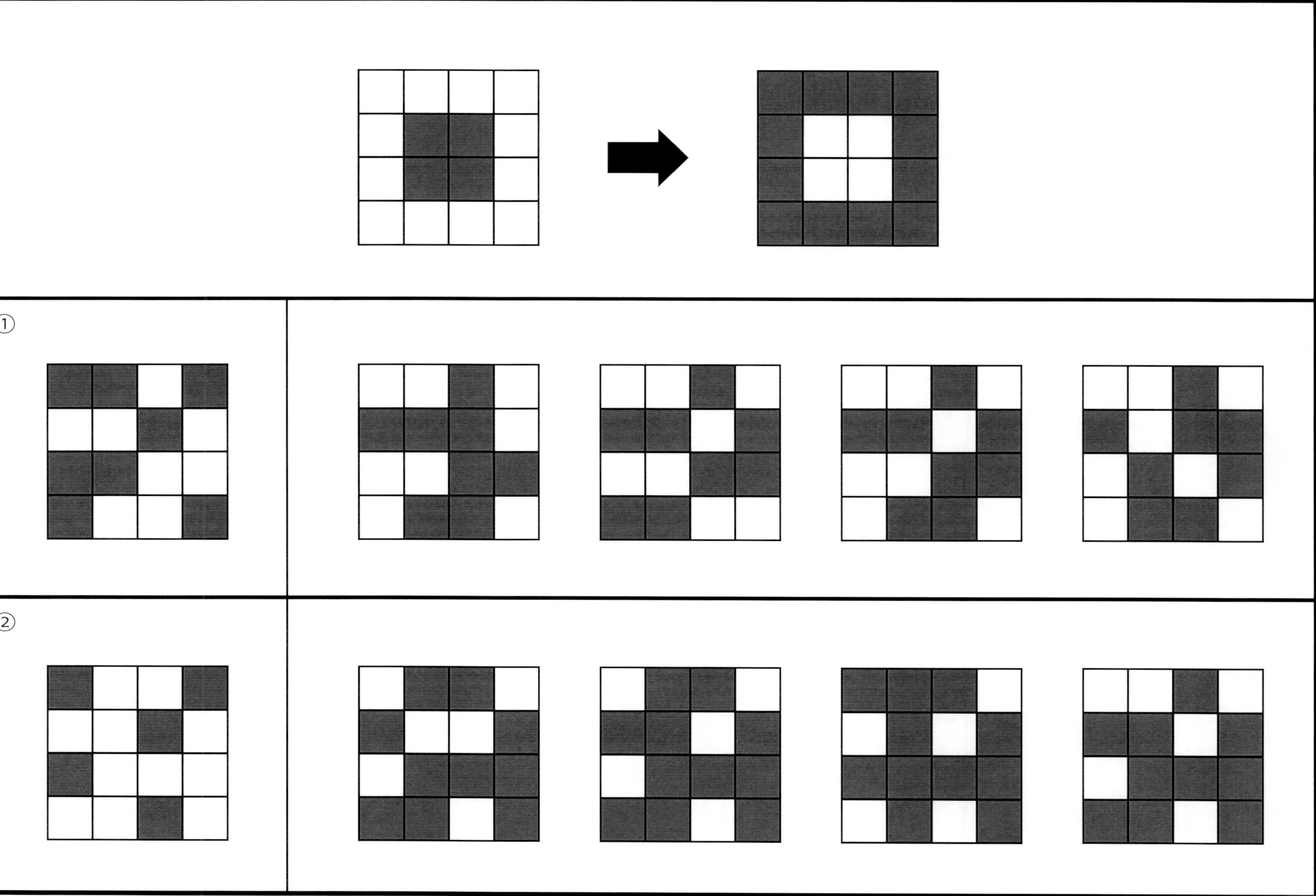

問題8

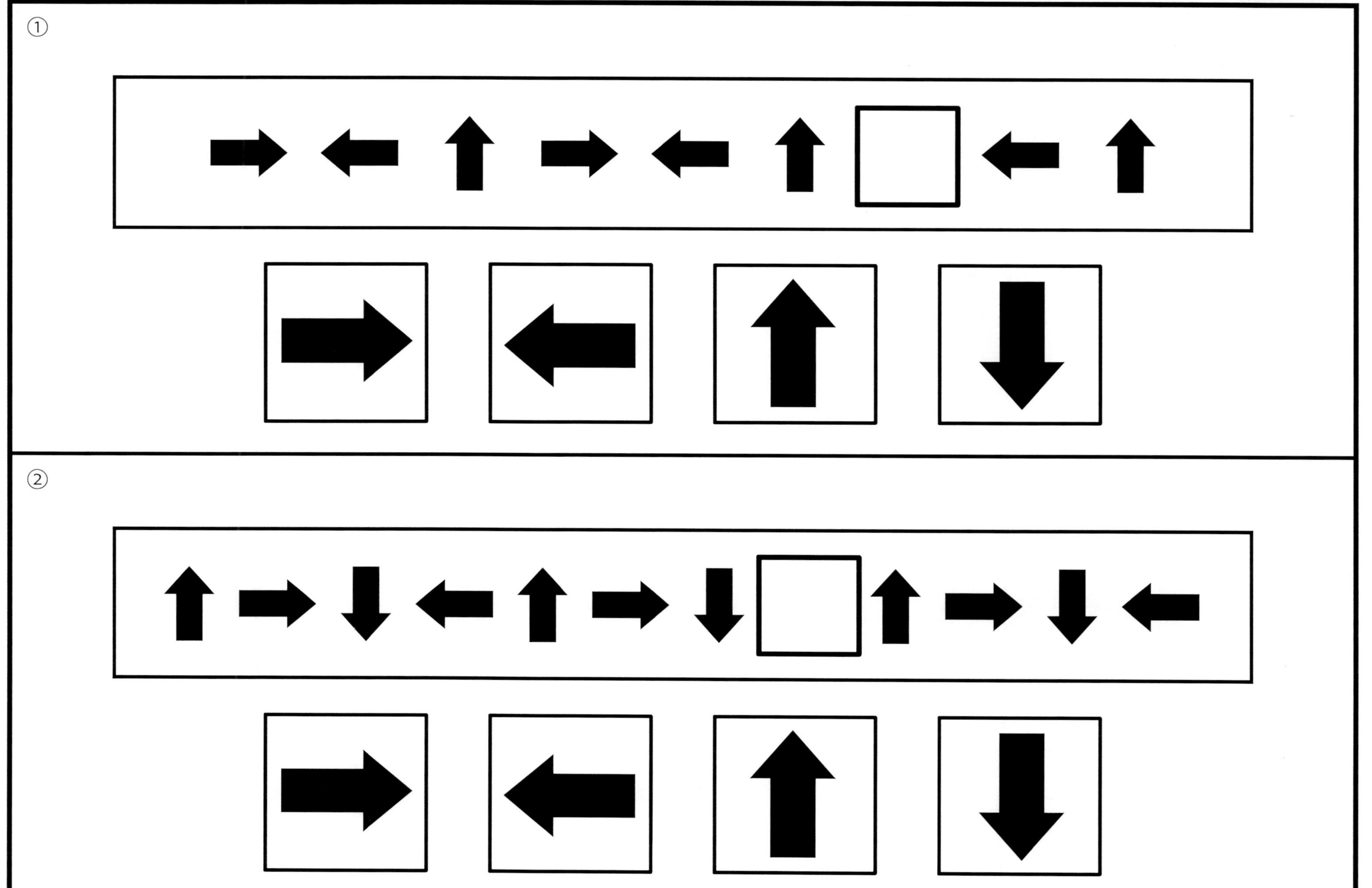

日本学習図書株式会社

問題 9

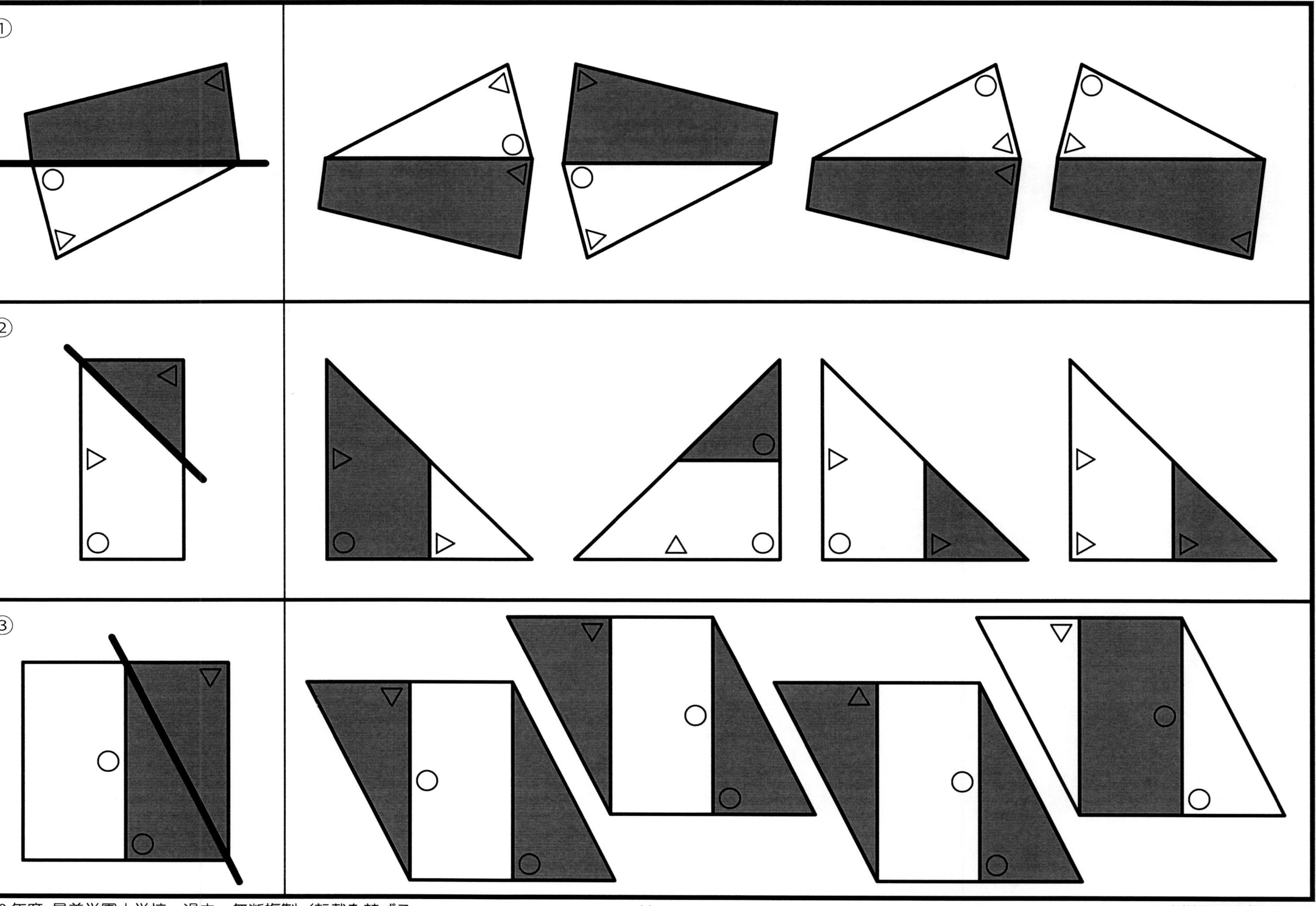

問題１０－１

問題１０－２

日本学習図書株式会社

問題１１－１

問題11－2

①

問題11−3

問題１１－４

②

③

④

問題12

①

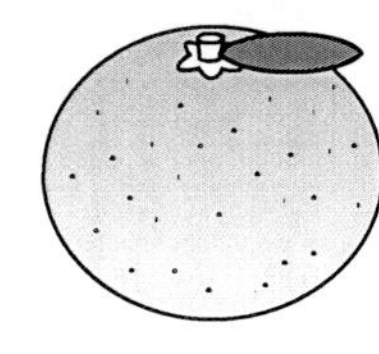

②

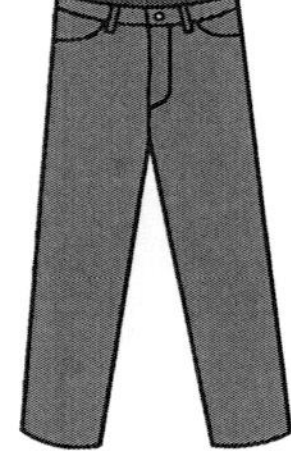

③

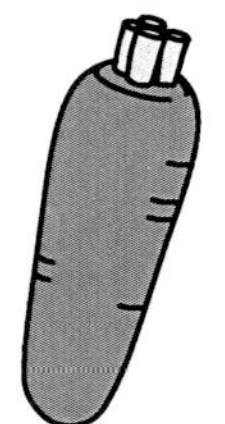

④

⑤

☆星美学園小学校

日本学習図書株式会社

問題１３

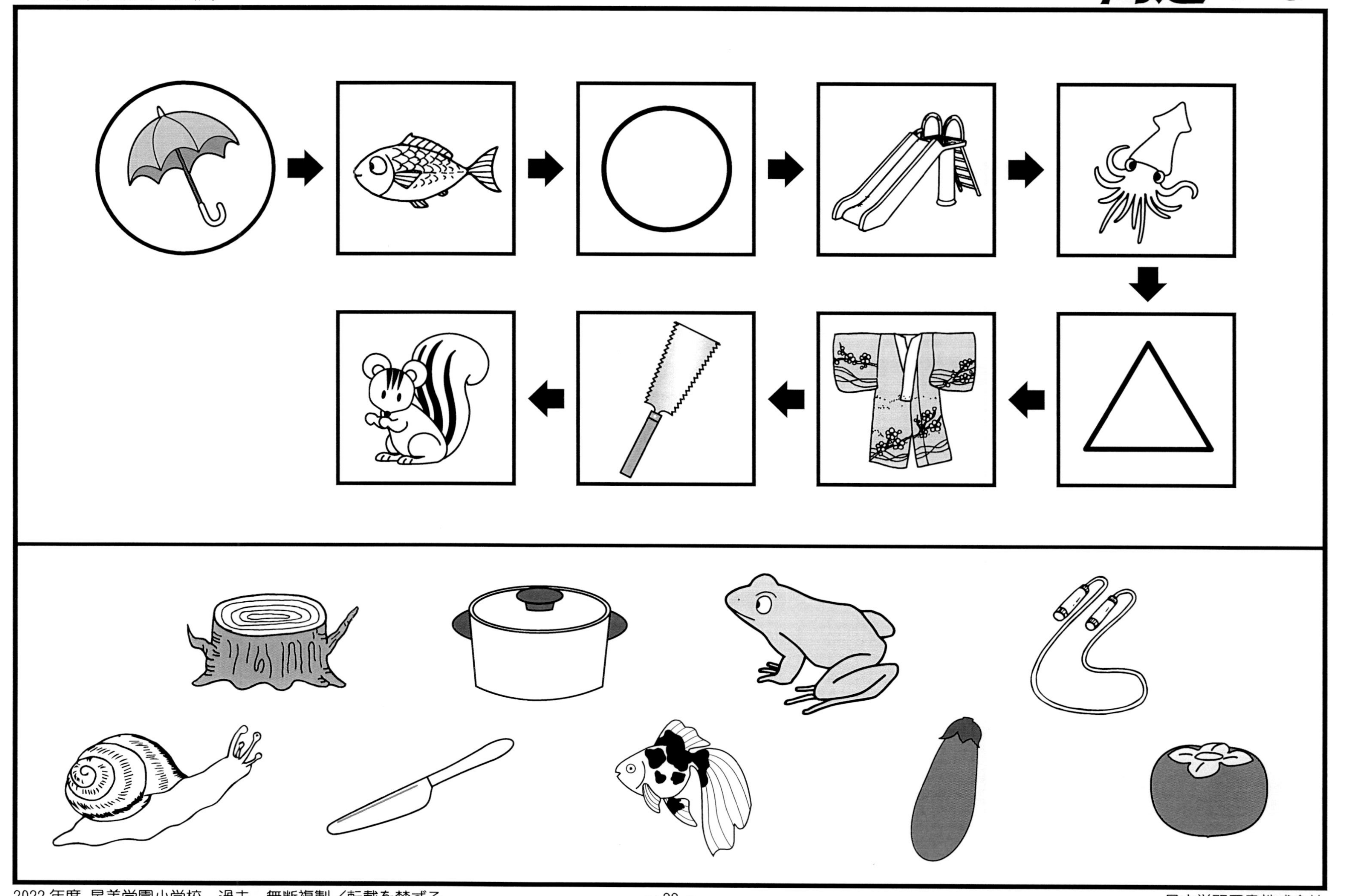

日本学習図書株式会社

問題１４

①

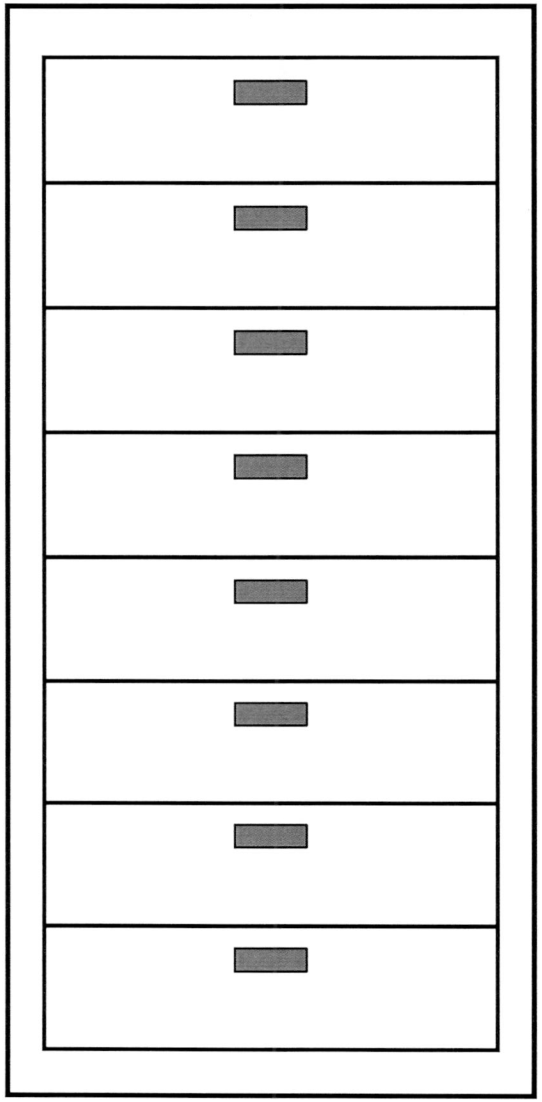

②

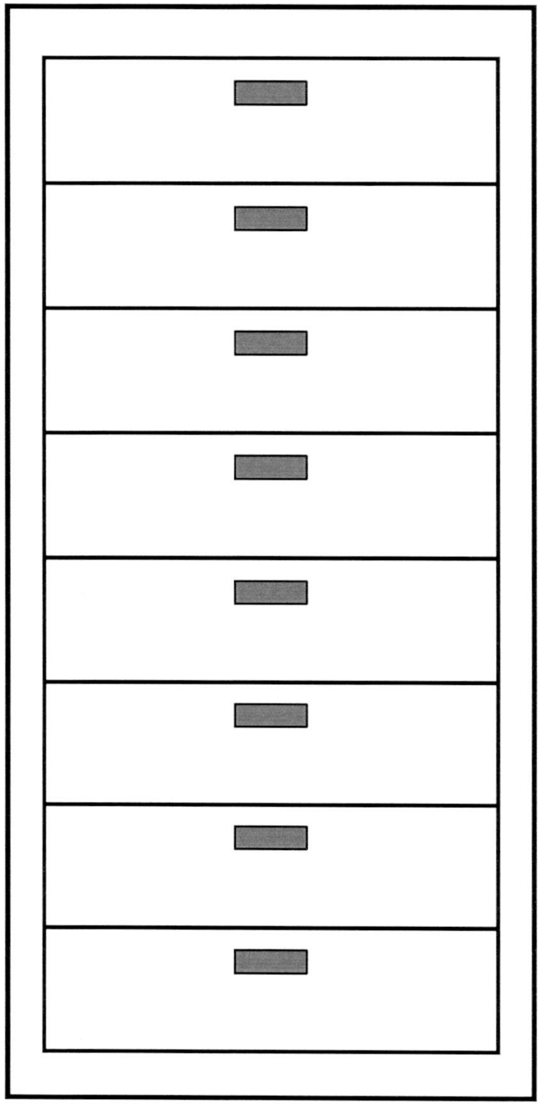

③

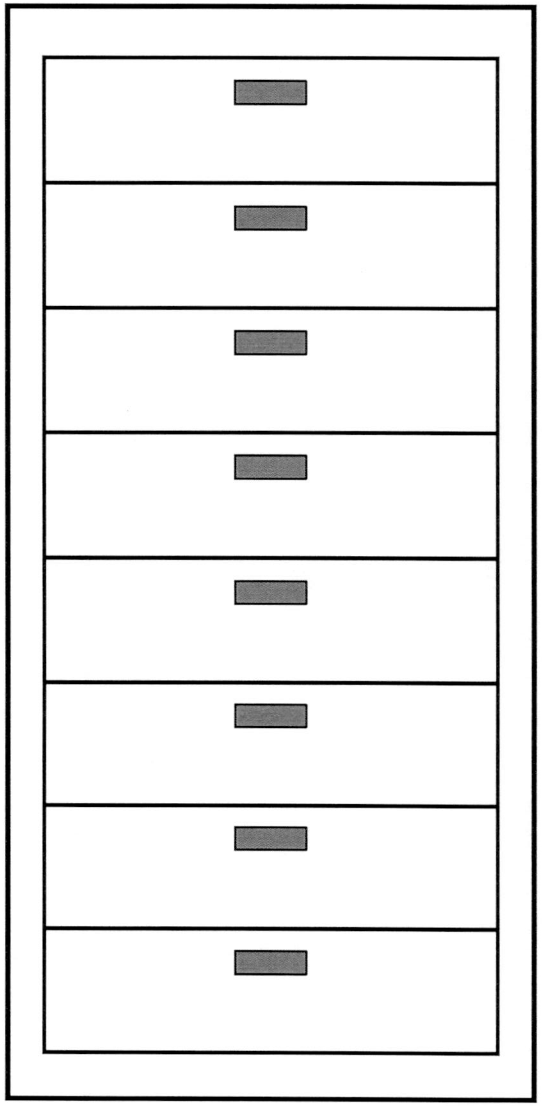

2021年度入試
解答例・学習アドバイス

解答例では、制作・巧緻性・行動観察・運動といった分野の問題の答えは省略されています。こうした問題では、各問のアドバイスを参照し、保護者の方がお子さまの答えを判断してください。

問題1　分野：数量（たし算・ひき算）

〈解答〉　①○：5　②○：1

基本的な数量の問題です。①では、問題で読み上げられている通り、下の段の２つの四角の中にある数を合わせればよいのですが、②では１つが空欄になっており、その代わりに合わせた数が上段に示されています。考え方としては「たし算」と「ひき算」なのですが、単純に数えることができれば解ける問題でもあります。②でも上の段の数と下の段の数を１つひとつ対応させていくことで、下段の数が１つ足りないことがわかります。小学校受験の数量の問題は、おはじきなどを動かしながら考えていくことが土台になります。ペーパー学習以前に、ものを使った基礎学習から始めるようにしてください。

【おすすめ問題集】
Ｊｒ・ウォッチャー38「たし算・ひき算１」、39「たし算・ひき算２」

問題2　分野：推理（シーソー）

〈解答〉　○：真ん中（リンゴ）、×：左（ミカン）

小学校受験でよく見られるシーソーの問題です。基本的な考え方は、１番重いものは常に下がっていて、１番軽いものは常に上がっているということです。本問は３つのものの比較なので、上記に当てはめるだけで答えがわかります。ただ、こうした解き方をテクニック的に覚えただけでは意味がありません。本問では直接的に答えに関係しませんが、「ミカンよりブドウが重い」「ブドウよりリンゴが重い」ゆえに「ミカンよりリンゴが重い」という関係性を理解できていないと、比べるものの数やシーソーの数が増えた時につまずいてしまう可能性があります。また、引っ掛け問題ではないのですが、イチゴとスイカを比べてイチゴの方が下がっていたりすることがあります。そうした見た目の印象に惑わされないようにしてください。

【おすすめ問題集】
Ｊｒ・ウォッチャー33「シーソー」

問題3　分野：数量（一対一の対応）

〈解 答〉　○：5

単純に数えるだけでも答えることはできますが、セットという考え方をしっかりと理解しておいた方がよいでしょう。本問では、スプーン１本とフォーク１本のセットがいくつできるかということが問われているのです。実際にスプーンとフォークを用意して再現してみるとお子さまがどう考えているのかがわかります。スプーン（フォーク）だけをまとめて数えても、結果的に正解になるかもしれませんが、出題の意図とは少しずれてしまいます。１つひとつ対応させて数える問題は、イチゴ２つとリンゴ１つを組み合わせるといった一対多の対応と呼ばれる問題に発展していくので、考え方の基本を理解しておきましょう。

【おすすめ問題集】
Ｊｒ・ウォッチャー14「数える」、37「選んで数える」

問題4　推理（ブラックボックス）

〈解 答〉　①○：5　②○：3

本問もおはじきなどを使って目に見える形で学習することで、より理解を深めることができます。ペーパー学習では頭の中で考えなければいけないことを目で見える形に変えて行うのです。バナナの箱を通るとボールが２つ増えるのであれば、実際に２つ増やしましょう（おはじきなどで代用して）。目で見て手を動かすことで理解しやすくなります。推理分野の問題として扱われることが多いブラックボックスですが、たし算・ひき算の問題としてとらえることもできます。バナナは２つ足す、イチゴは１つ引くと考えれば数量の問題です。お子さまがつまずいている時は、違った考え方もあることを示してあげるとよいでしょう。

【おすすめ問題集】
Ｊｒ・ウォッチャー32「ブラックボックス」

問題5　分野：数量（数える）

〈解 答〉　①○：3　②○：5

木や人の数ではなく、その間（と両端）の数をかぞえるという、あまり見かけることのない問題です。大人にとっては、難しい問題ではありませんが、人や木の間という、見えないものを数えるということをお子さまが理解できるかどうかが問われているということでしょう。こうした、ないものを数えたり、目に見えていないものを考えることは、お子さまにとって大人が思っている以上に難しいことです。慣れないうちは数えるべきところにおはじきなどを置いて、見えるものにしてしまうという方法もあります。そうして、少しずつないものを数えるという感覚を身に付けていくとよいでしょう。

【おすすめ問題集】
Ｊｒ・ウォッチャー14「数える」

問題6　分野：図形（点図形・模写）

〈解答〉　省略

例年出題される問題なので、しっかりと練習しておいてください。形もほとんど同じものなので対策はしやすいですが、それはみな同じ条件なので正解率も高くなります。正解率が高いということは、ミスが許されないということでもあります。形としての難しさはないので、どれだけしっかりと線を引けるかが分かれ目になってくるのではないでしょうか。当校の入試は解答時間が短めに設定されていますが、本問に関してはそれほどシビアな時間設定ではありません。それだけに確実に正解しておかなければいけない問題です。特別なことをする必要はありませんが、基礎的な問題を定期的にやっておくとよいでしょう。

【おすすめ問題集】
　Ｊｒ・ウォッチャー１「点・線図形」、51「運筆①」、52「運筆②」

問題7　分野：図形（同図形探し）

〈解答〉　①右から２番目　②左から２番目

白黒の違いはありますが、同じ形を見つけるという意味で考えれば「同図形探し」ですし、白と黒を置き換えると考えれば「置き換え」と言うこともできます。形を中心に考えるのか、色を中心に考えるのかでとらえ方が違ってくると言えるでしょう。２つの形を組み合わせると真っ黒（真っ白）になるものを選ぶという考え方もできます。これ以外にも考え方はさまざまあると思います。小学校受験では、この解き方でなければいけないということはありません。こうしたいくつもの考え方ができる時は、どんな解き方をしたのかを保護者の方はしっかりと見ておいてください。お子さまの考え方を把握することができます。

【おすすめ問題集】
　Ｊｒ・ウォッチャー４「同図形探し」、57「置き換え」

問題8　分野：推理（系列）

〈解答〉　①左端（右向き矢印）　②左から２番目（左向き矢印）

系列は、順番の決まり（お約束と呼ばれることもあります）を見つけることがポイントになります。言い換えれば、規則性を探すということです。本問はシンプルな問題なので、同じ形に注目していけば順番の決まりを見つけることができます。はじめのうちは声に出してみるのも１つの方法です。①であれば、「右・左・上・右・左・上（　）左・上」と言葉にしてみるとリズムによって規則性がつかめます。実際の試験では声を出すことはできないので、あくまでも慣れないうちの練習と考えてください。また、系列の問題は形がたくさんあるほど手がかりも多くなるので、難しそうに見えて意外と解きやすかったりします。

【おすすめ問題集】
　Ｊｒ・ウォッチャー６「系列」

問題9　分野：図形（図形の構成）

〈解 答〉　①左端　②右から２番目　③左から２番目

解答時間も短く、紛らわしい形ばかりなので、高い観察力が要求されます。図形の構成の問題ではありますが、回転図形の要素もあります。形の組み合わせや、色、○の位置、△の位置や向きの違いもあるので多くの箇所に目を配らなければいけません。感覚的に正解を見つけることは難しいので、見比べるスピードも必要になるでしょう。図形の問題も、数量の問題と同じように、実際に動かしてみることが重要なポイントになります。移動させたり回転させたりすることで、形がどう変化するのかを目で見て感じてください。小学校受験のベースは体験にあります。ペーパー学習だけに偏らないようにしましょう。

【おすすめ問題集】

Ｊｒ・ウォッチャー45「図形分割」、54「図形の構成」

問題10　分野：常識（マナーとルール）

〈解 答〉　下図参照

常識問題は、お子さまの知識を観ているのではなく、保護者の方の躾が観られているということをしっかりと認識しておいてください。もし、保護者の方が電車の中で電話をしていたり、お化粧をしていたとしたら、お子さまは○をつけることができないでしょう。そうした生活の積み重ねがお子さまの解答として表れてきます。小学校に入学すれば、電車通学や集団生活が始まります。自己中心的な振る舞いや人に迷惑をかける行為は、小学校受験において大きなマイナス評価となるので注意してください。常識問題はペーパーテストとして行われていますが、実際は保護者の方を含めた行動観察という観点があるのです。

【おすすめ問題集】

Ｊｒ・ウォッチャー56「マナーとルール」

家庭学習のコツ①　**「先輩ママのアドバイス」を読みましょう！**

本書冒頭の「先輩ママのアドバイス」には、実際に試験を経験された方の貴重なお話が掲載されています。対策学習への取り組み方だけでなく、試験場の雰囲気や会場での過ごし方、お子さまの健康管理、家庭学習の方法など、さまざまなことがらについてのアドバイスもあります。先輩ママの体験談、アドバイスに学び、ステップアップを図りましょう！

問題11　分野：記憶（見る記憶）

〈解答〉　下図参照

こうした短期的な記憶は、保護者の方よりもお子さまの方が得意だったりすることが多いので、まずは問題に取り組ませてみるとよいでしょう。保護者の方は形を順番に覚えていこうとするかもしれませんが、お子さまは見たまま１枚の絵として記憶してしまうこともあります。ですので、スムーズにできてしまうようであれば、その力を伸ばしてあげてください。苦手と感じているようであれば、全体を見たり、細かく見たりといった形でお子さまの覚えやすい方法をいっしょに探してあげてください。その中でも形を覚えるのが苦手なのか、数を覚えるのが苦手なのか、お子さまは何ができて何ができないのかをしっかりとつかんでおきましょう。

【おすすめ問題集】

Ｊｒ・ウォッチャー20「見る記憶・聴く記憶」

問題12　分野：記憶（お話の記憶）

〈解答〉　①右から２番目（顔を洗う）　②左端（リンゴ）
③左から２番目（Ｔシャツ）、真ん中（ハンカチ）、右端（靴下）
④左端（ジャガイモ）、真ん中（タマネギ）、右端（ブドウ）　⑤○：５

問題は、すべてお話に出てきた内容なので、まずはしっかりと聞くことを最優先に考えましょう。それほど長いお話ではありませんが、１回聞いただけですべて覚えることは不可能です。お話の記憶という名前がついているので記憶するということを強く意識してしまいがちですが、お話の流れをつかめるかどうかがポイントになります。絵本などの読み聞かせをした後でどんなお話だったかをお子さまに聞いてみてください。お話を思い出すことで場面や行動を頭の中でイメージし、それを話すことでお話の流れを考えます。そうしたことを繰り返すことで、お話の聞き方も変わってきます。「ここは問題になりそう」ということを考えすぎるのもよくありませんが、ただお話を聞くだけでなく、集中して聞くことができるようになります。

【おすすめ問題集】

１話５分の読み聞かせお話集①・②、お話の記憶問題集 初級編・中級編
Ｊｒ・ウォッチャー19「お話の記憶」

問題13　分野：言語（しりとり）

〈解 答〉　○：下段右から２番目（ナス）　△：下段右端（カキ）

非常にシンプルなしりとりの問題です。ただ、それほど時間が長くないので、全部たどっていくと時間が足りなくなってしまうかもしれません。○と△の前後だけ考えれば問題を解くことができるので、効率よく正解にたどり着く方法を考えるようにしましょう。もし、本問に出てくる絵がわからないようであれば、語彙力が不足していると言わざるを得ません。言語分野の学習は、机の上でなくても問題集がなくてもできるものです。ふだんの生活の中で、見たものや聞いたことを１つひとつ覚えていくように心がけましょう。また、しりとりなどの言葉遊びを通じて、楽しみながらお子さまの語彙力を高めるようにしてあげてください。

【おすすめ問題集】

Ｊｒ・ウォッチャー17「言葉の音遊び」、18「いろいろな言葉」、49「しりとり」、60「言葉の音（おん）」

問題14　分野：記憶（聞く記憶）、推理（行動推理）

〈解 答〉　①上から４段目　②下から３段目　③上から４段目

①②は聞く記憶の問題ですが、③は推理の問題になります。よくクイズなどにもなっているので、保護者の方にとっては簡単に感じるかもしれませんが、お子さまにとっては引っかかりやすい問題になります。お子さまは自分が見たものがすべてです。お子さまは、マナブくんとケイコさんの行動をすべて見ており、マナブくんも自分と同じだと考えてしまいます。他人の視点で考えるということができにくいのです。マナブくんの視点で考えると、ケイコさんが違う場所にしまったことはわからないのですが、そのことを想像できず、ケイコさんのしまった場所に○をつけてしまいがちです。すぐにできることではないですが、自分以外の視点で考えるという意識を持てるようにしていきましょう。

【おすすめ問題集】

Ｊｒ・ウォッチャー20「見る記憶・聴く記憶」、31「推理思考」

家庭学習のコツ②　「家庭学習ガイド」はママの味方！

問題演習を始める前に、試験の概要をまとめた「家庭学習ガイド（本書カラーページに掲載）」を読みましょう。「家庭学習ガイド」には、応募者数や試験課目の詳細のほか、学習を進める上で重要な情報が掲載されています。それらの情報で入試の傾向をつかみ、学習の方針を立ててから、対策学習を始めてください。

問題15　分野：運動

〈解答〉　省略

例年、制作（巧緻性）が実施されていましたが、2021年度入試では運動になりました。運動課題ではありますが、「指示を聞く」「指示通り行動する」というところが観点になります。これまでの制作でも指示通りに作業できるかが観られていたように、内容は変わっても観点は同じと考えることができます。コロナ禍にあって2022年度入試がどのように行われるのかも不透明な状況です。どんな課題を行うかではなく、何が観られているのかをしっかりと理解しておいてください。そうすれば、多少の変化に慌てることなく試験に臨むことができるでしょう。

【おすすめ問題集】
　新 運動テスト問題集、Ｊｒ・ウォッチャー28「運動」

問題16　分野：面接

〈解答〉　省略

志願者に対しての質問が多く、保護者への質問でも家庭やお子さまに関する内容が中心になっています。教育方針がしっかりしていれば答えにつまってしまうような質問はありません。お子さまとのコミュニケーション、保護者間のコミュニケーションをしっかりとっておくことが、当校の面接対策になります。お子さまに対する質問が多いからといって、マニュアル的な答えを覚えさせても意味はありません。お子さまへの質問は何を答えるのかではなく、どう答えるかの方が重要です。どんな対応するかが観られていると言ってもよいでしょう。付け焼き刃で対応できるものではないので、しっかりとした準備が大切です。

【おすすめ問題集】
　新小学校受験の入試面接Ｑ＆Ａ、家庭で行う面接テスト問題集、
　保護者のための面接最強マニュアル

家庭学習のコツ③　効果的な学習方法～問題集を通読する

過去問題集を始めるにあたり、いきなり問題に取り組んではいませんか？　それでは本書を有効活用しているとは言えません。まず、保護者の方が、すべてを一通り読み、当校の傾向、ポイント、問題のアドバイスを頭に入れてください。そうすることにより、保護者の方の指導力がアップします。また、日常生活のさまざまなことから、保護者の方自身が「作問」することができるようになっていきます。

星美学園小学校　専用注文書

年　月　日

合格のための問題集ベスト・セレクション

＊入試頻出分野ベスト３

1st 推理
思考力　聞く力　観察力

2nd 図形
観察力　思考力

3rd お話の記憶
聞く力　集中力

推理分野の問題では行動推理のように独特の形式で出題されます。さまざまな分野が出題されるので幅広く学習しましょう。図形分野では高い観察力、お話の記憶では細かい部分まで聞く力が必要です。

分野	書　名	価格(税込)	注文	分野	書　名	価格(税込)	注文
図形	Ｊｒ・ウォッチャー１「点・線図形」	1,650円	冊	言語	Ｊｒ・ウォッチャー49「しりとり」	1,650円	冊
図形	Ｊｒ・ウォッチャー２「座標」	1,650円	冊	巧緻性	Ｊｒ・ウォッチャー51「運筆①」	1,650円	冊
推理	Ｊｒ・ウォッチャー６「系列」	1,650円	冊	巧緻性	Ｊｒ・ウォッチャー52「運筆②」	1,650円	冊
数量	Ｊｒ・ウォッチャー14「数える」	1,650円	冊	図形	Ｊｒ・ウォッチャー54「図形の構成」	1,650円	冊
推理	Ｊｒ・ウォッチャー15「比較」	1,650円	冊	常識	Ｊｒ・ウォッチャー56「マナーとルール」	1,650円	冊
言語	Ｊｒ・ウォッチャー17「言葉の音遊び」	1,650円	冊	推理	Ｊｒ・ウォッチャー58「比較②」	1,650円	冊
言語	Ｊｒ・ウォッチャー18「いろいろな言葉」	1,650円	冊	言語	Ｊｒ・ウォッチャー60「言葉の音（おん）」	1,650円	冊
記憶	Ｊｒ・ウォッチャー20「見る記憶・聴く記憶」	1,650円	冊		１話５分の読み聞かせお話集①・②	1,980円	各　冊
推理	Ｊｒ・ウォッチャー31「推理思考」	1,650円	冊		お話の記憶問題集 中級編	2,200円	冊
推理	Ｊｒ・ウォッチャー32「ブラックボックス」	1,650円	冊		実践 ゆびさきトレーニング①・②・③	2,750円	各　冊
推理	Ｊｒ・ウォッチャー33「シーソー」	1,650円	冊		新 運動テスト問題集	2,420円	冊
数量	Ｊｒ・ウォッチャー38「たし算・ひき算１」	1,650円	冊		新 小学校受験の入試面接Ｑ＆Ａ	2,860円	冊
数量	Ｊｒ・ウォッチャー39「たし算・ひき算２」	1,650円	冊		家庭で行う 面接テスト問題集	2,200円	冊
図形	Ｊｒ・ウォッチャー45「図形分割」	1,650円	冊		保護者のための 面接最強マニュアル	2,200円	冊

合計	冊	円

（フリガナ） 氏　名	電　話 ＦＡＸ E-mail
住　所　〒　　　－	以前にご注文されたことはございますか。 有　・　無

★お近くの書店、または記載の電話・FAX・ホームページにてご注文をお受けしております。
電話：03-5261-8951　FAX：03-5261-8953　代金は書籍合計金額＋送料がかかります。
※なお、落丁・乱丁以外の理由による商品の返品・交換には応じかねます。
★ご記入頂いた個人に関する情報は、当社にて厳重に管理致します。なお、ご購入の商品発送の他に、当社発行の書籍案内、書籍に関する調査に使用させて頂く場合がございますので、予めご了承ください。

日本学習図書株式会社
http://www.nichigaku.jp

2020年度以前の過去問題

問題17 分野：推理（比較）

〈準 備〉 鉛筆

〈問 題〉 さまざまな長さの線が３本あります。この中で線が１番長いものに○を、１番短いものに△をつけましょう。

〈時 間〉 10秒

〈解 答〉 下図参照

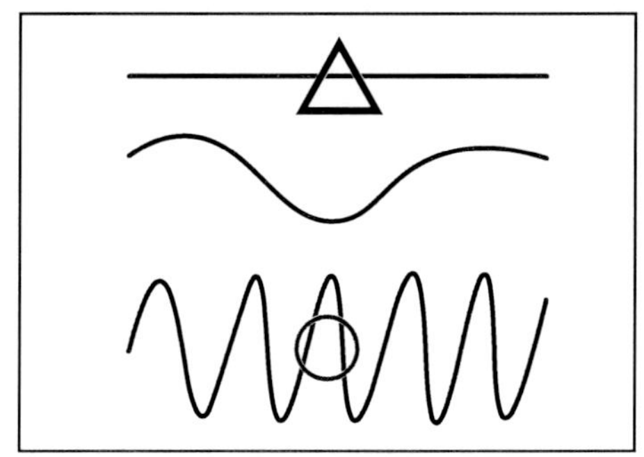

［2020年度出題］

学習のポイント

当校の入試は、推理分野からの出題が多いことが特徴の１つです。観察力、思考力が入試全体の観点となっているということでしょう。問題自体はそれほど難しくないので、指示をよく聞いて、絵をよく見て、よく考えてから答えを選べば、それほど大きな間違いはしないはずです。この問題は３本の線の長さを比較する問題です。直感で答えのわかるお子さまも多いとは思いますが、ここでも指示をよく聞き、絵を観察し、考えてから解答を記入しましょう。２点を結ぶ線は直線が１番短く、曲線の部分が大きいほど、線は長くなるという理屈はたいていのお子さまがわかっていると思います。もし、この問題で悩むようであれば、その理屈があやふやで確信が持てないということでしょう。小学校入試に臨む年齢のお子さまが自信を持って答えるには、経験が必要です。ここでもひもを使ってこの問題のイラストを再現してみてください。一度それを見れば、お子さまは理屈が実感でき、同じような問題なら自信を持って答えることができるでしょう。

【おすすめ問題集】

Ｊｒ・ウォッチャー15「比較」、58「比較②」

問題18　分野：数量（たし算・ひき算）

〈準 備〉　鉛筆

〈問 題〉　上の列と下の列に数が違ったリンゴがあります。それぞれのリンゴが10個になるように線で結びましょう。

〈時 間〉　30秒

〈解 答〉　下図参照

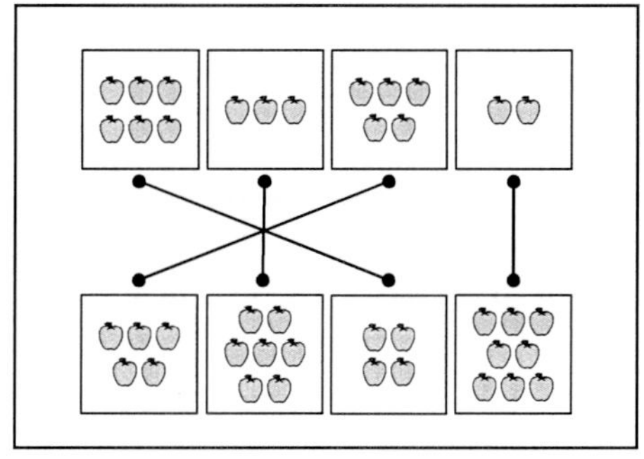

［2020年度出題］

学習のポイント

当校では、数量の問題が毎年出題されています。その中でも数のたし算・ひき算の問題は頻出の分野です。この問題はその中でも基礎的なもので、上の段のリンゴと下の段のリンゴを足すと合計で10個になるものを選んで線で結ぶというものです。この問題のポイントは、四角の中のリンゴの個数を「一目で」判断できるかどうかです。小学校受験では 10 までの数のものなら、一目見てその個数がわかるということを前提として出題されています。この問題の解答時間も30秒と短く、線を引くという作業があることを考えれば、指を折って数えたり、絵に印をつけたりする時間がないことがわかります。この「一目で数を判断する能力」ですが、決して持って生まれたものではなく、同じような問題を数多く解いたり、ブロック、おはじきといったものを数えるという経験を積むことで身に付くものです。しかも数多く経験を積むほど、そのスピードと精度が上がってきます。保護者の方は生活の中でできるだけ多くの機会をお子さまに与えるようにしてください。

【おすすめ問題集】

Ｊｒ・ウォッチャー38「たし算・ひき算１」、39「たし算・ひき算２」

問題19　分野：図形（座標）

〈準備〉　鉛筆

〈問題〉　動物の絵が描かれたマスがあります。
今から指示を出すので、その動物に印をつけてください。
①１番右で、上から２番目の動物に○をつけましょう。
②左から３番目で、１番下の動物に×をつけましょう。

〈時間〉　各10秒

〈解答〉　①○：ブタ　②×：コアラ

［2020年度出題］

学習のポイント

口頭で指示を受けて、その通りの箇所に記号をつけるという問題です。指示が簡単なのでミスがあるとすれば、使う記号を間違えてしまったり、早合点や勘違いで問題を聞いている途中でわかったと決めつけてしまうことでしょう。日頃の学習で、最後まで指示を聞き、それから解答するということを徹底させてください。最後まで指示を聞くということは当校の試験の観点になっている「しっかり聞く力」に通じるものです。ところで、お子さまとの会話の中で「右から～番目」「上から～番目」といった表現を使うことがあるでしょうか。もっと曖昧な表現を使っていることが多いと思います。小学校受験では座標と言いますが、「上から２番目で右から３番目の点」といった表現を使って指示されることが多いので注意してください。生活の中で意識して使うようにすれば戸惑うこともないでしょう。

【おすすめ問題集】
Ｊｒ・ウォッチャー２「座標」

問題20　分野：推理（系列）

〈準備〉　鉛筆

〈問題〉　ミカンの絵が描かれている四角があるお約束で並んでいます。空いている四角にはミカンがいくつ入るでしょうか。その数だけ四角の中に○を書いてください。

〈時間〉　20秒

〈解答〉　①○：４　②○：５

［2020年度出題］

学習のポイント

系列は、記号やイラストの並び方の法則性を発見するものですが、その考えを理解していないとその法則性がなかなか発見できません。「法則を発見する」とお子さまに言ってもなかなか理解はできません。まずは「○△□」といった程度の簡単な系列の問題をいくつか解いてみましょう。何に注目し、どのように考えるかを理解させるのです。その上で実際の試験で出された問題に取り組んだ方が、系列という問題がわかるはずです。系列の問題は、答えるためのハウツーもありますが、それではお子さま自身で法則性を発見することはできません。ハウツーを使わずに法則性を自ら見つけることで、さまざまな物事に対してじっくりと観ようとする意識が芽生えます。その意識は試験が終わった入学後でも活かすことができます。大切なのは、試験に合格するためではなく、試験後にも活かせる力を育てるために学習することです。

【おすすめ問題集】

Ｊｒ・ウォッチャー６「系列」

問題21　分野：図形（点図形・模写）

〈準備〉　鉛筆

〈問題〉　お手本の絵と同じ形になるように、点と点を線で結んでください。

〈時間〉　１分30秒

〈解答〉　省略

［2020年度出題］

学習のポイント

当校の図形分野の問題は、毎年４問程度、さまざまなバリエーションで出題されており、図形分野全般に対する幅広い学習が必要になります。この点図形の問題では、位置や座標を正確にとらえ、それに沿って線を引くという単純な問題です。１つひとつの点を結ぶ時は次の点が今引いた点から上下、左右にいくつずつ進んだところにあるのか確認してから線を引くようにするとよいでしょう。そうするときれいに線を引くことができます。きれいに線を引くことはあまり試験に関係ないのでは？と思っている保護者の方は多いと思います。しかし本問のように簡単で間違えにくい問題はほかの志願者も間違えません。正確なのは当たり前として、ていねいに取り組んで、余裕を持って取り組んだということを見せるために、きれいに線を引いてもよいのではないかと個人的には思います。

【おすすめ問題集】

Ｊｒ・ウォッチャー１「点・線図形」、51「運筆①」、52「運筆②」

問題22　分野：図形（回転図形）、推理（四方からの観察）

〈準備〉　鉛筆

〈問題〉　①②１番左の形を回転してできる形はどれでしょうか。正しい形に○をつけてください。
③④１番左の絵に描いてあるものを真後ろから見るとどうなるでしょうか。正しいものに○をつけてください。

〈時間〉　①②各10秒　③④各20秒

〈解答〉　①右端　②右から２番目　③右端　④右端

［2020年度出題］

学習のポイント

本年度も、回転図形と四方からの観察の問題が出題されました。特に回転図形は当校入試でよく見かける問題です。ほとんどの場合、「右（左）に～回まわした形を選ぶ」といった出題ですが、本問の場合は「～回まわす」という条件がないので、何回まわっているかも考えながら、１つひとつの図形の違いを比較することになります。③④は少し変わった出題ですが、「四方からの観察」の問題です。ここでは絵に具体的にどこから見ているという様子が描かれていません。ふつうは動物や人がここから見ているという様子があるのですが、それはなく、「真後ろから見るとどのように見えるか」という指示だけです。お子さまには少し難しいかもしれませんから、答えにくい様子でしたら、ヒントとして後ろから見ている人の絵、もしくは視線の矢印を絵に描いてみてください。具体的になれば少しはイメージも湧きやすくなるのではないでしょうか。

【おすすめ問題集】

Ｊｒ・ウォッチャー10「四方からの観察」、46「回転図形」

問題23　分野：推理（欠所補完）

〈準 備〉　鉛筆

〈問 題〉　**この問題の絵は縦に使用してください。**
線路をすべてつなげるためには、どの線路を使えばよいでしょうか。
①○のところに当てはまる線路を下の４つの四角の中から選んで、○をつけてください。
②△と×のところに当てはまる線路をそれぞれ選んで、△と×をつけてください。向きを変えても構いません。

〈時 間〉　各10秒

〈解 答〉　下図参照

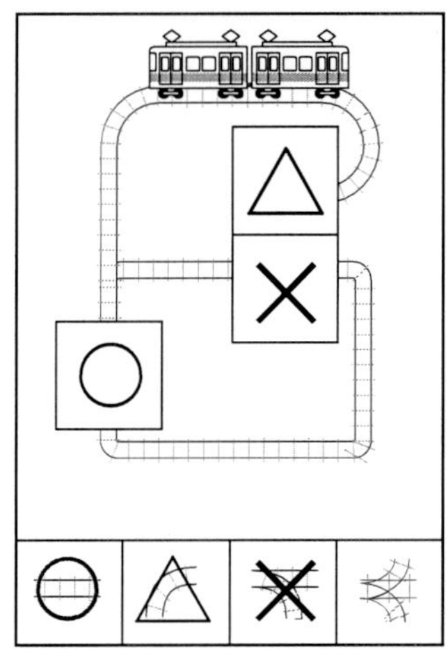

［2020年度出題］

学習のポイント

この問題は電車が走る線路で当てはまるものを下の四角の中から選ぶ問題です。注意すべきことは１つです。「（周りと）矛盾しない形を選ぶ」ということだけです。矛盾しない形を選ぶにはその図形をハサミで切り取って当てはめればよいのですが、試験でそんなことはできません。頭の中で選択肢の図形（線路）を○、×、△の描いてある四角に移動させる必要が出てきます。そして、「形（選択肢）を移動させる」ことができるかどうかが、この問題の観点、本当に確かめたいことなのです。推理問題ではありますが、図形問題としてとらえることもできるので、お子さまが苦手に感じているようであれば、違うアプローチもできるということを教えてあげるとよいでしょう。

【おすすめ問題集】
Ｊｒ・ウォッチャー59「欠所補完」

問題24　分野：図形（パズル）

〈準備〉　鉛筆

〈問題〉　１番左の形を作るための正しい組み合わせはどれでしょうか。右の４つの四角の中から選んでください。

〈時間〉　各20秒

〈解答〉　①右端　②左端　③左から２番目

［2020年度出題］

学習のポイント

本問は左の図形がどのようなパーツを使って組み立てられているか、正しいものを答えるという問題です。見本の図形もあまり複雑ではないので、難しくありません。間違えるとするならばよく考えず、パッと見ただけで「これだ！」と直感で答えてしまうことでしょう。繰り返しになりますが、小学校受験の図形の問題は、図形が変化した時、どのようになるか（見えるか）という問題がほとんどですから、「見本の形を作った時に矛盾がないもの」を選ぶという以外の解き方はないのです。図形の変化をイメージすることを「図形を操作する」と言いますが、これがスムーズにできるようになれば、ほとんどの問題が時間内に答えられるようになります。そして、図形の操作は繰り返し学習することによって身に付くもので、お子さまの持って生まれた才能ではありません。同じような問題に取り組む、パズルなど手で触れられるもので遊ぶなど、経験を通して身に付くものなのです。

【おすすめ問題集】

Ｊｒ・ウォッチャー３「パズル」、54「図形の構成」

問題25　分野：推理

〈準備〉　鉛筆

〈問題〉　１本のひもを絵のようにハサミで切ると、ひもは何本になるでしょうか。
切った時のひもの数だけ○を右の四角の中に書いてください。

〈時間〉　各15秒

〈解答〉　①○：４　②○：９

［2020年度出題］

学習のポイント

絵の通りにひもを切ると何本になるのかを推理する問題です。本問で、間違えやすい箇所は②の問題のひもがクルンと回転しているところでしょう。ここでつまずいてしまう人とつまずかない人がいると思いますが、その違いはハサミを使った経験の有無です。実際にその経験があれば、イメージできます。実物を使った学習は結果だけではなく、その過程まで記憶に残ります。こうした推理分野の問題なら、ペーパーの問題を解くよりも印象に残るでしょう。言葉で説明するよりも実際にひもを切る様子を見せた方がお子さまにはわかりやすく、記憶に残るということです。この問題に限らず、お子さまが問題の答えに納得しないなら、できる限り実物や手に触れられるものを使って説明してください。その方が理解が深まるだけなく、将来につながる学習になります。

【おすすめ問題集】

Ｊｒ・ウォッチャー14「数える」、31「推理思考」

問題26　分野：記憶（見る記憶）

〈準備〉　鉛筆
※あらかじめ問題26－１、問題26－２の絵を点線で切っておく

〈問題〉　**この問題は絵を縦に使用してください。**
絵を見て覚えてください。
（問題26－１の★の絵を20秒間見せた後、問題26－３を見せる）
①１番後ろはどんな形でしたか。四角から選んで○をつけてください。
絵を見て覚えてください。
（問題26－１の☆の絵を20秒間見せた後、問題26－３を見せる）
②前から２番目はどんな形でしたか。四角から選んで×をつけてください。
絵を見て覚えてください。
（問題26－２の◆の絵を20秒間見せた後、問題26－３を見せる）
③後ろから２番目は何の形でしたか。四角から選んで△をつけてください。
絵を見て覚えてください。
（問題26－２の◇の絵を20秒間見せた後、問題26－３を見せる）
④３個あったものはどれですか。四角から選んで○をつけてください。
⑤４個あったものはどれですか。四角から選んで○をつけてください。

〈時間〉　各15秒

〈解答〉　下図参照

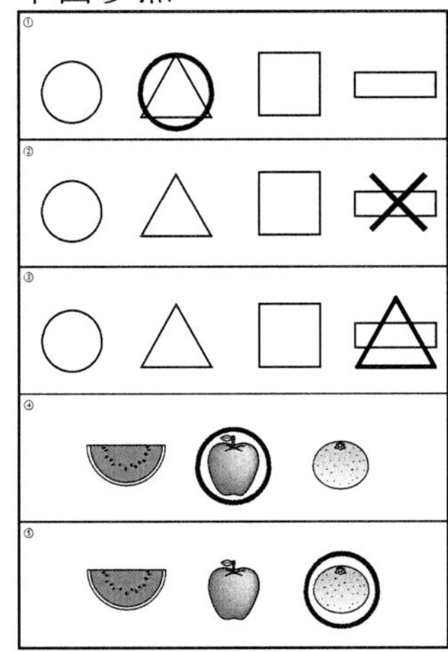

［2020年度出題］

学習のポイント

当校入試で見る記憶の問題は頻出しています。本問の難しい点は、①～③は重なった形、④⑤は個数を覚えるという２種類の記憶をしなければならないことです。覚える内容自体はそれほど複雑ではありませんが、解答時間が短く、じっくり取り組んでいる時間はありません。全体を１度に覚えようとすると時間がかかり過ぎてしまうので、自分なりのルールで全体を切り分けて、「部分」にして覚えていくことです。例えば、①～③のような何番目に重なっている形を覚える問題では、最後に登場した図形から覚える、④⑤のような数を聞く問題なら、１番多いものから覚える、といった形でかまいません。もちろん、これはいきなりできることではありませんが、同じような内容・指示が複数ある問題に取り組んでみましょう。繰り返し学習すれば段々と身に付いていきます。

【おすすめ問題集】

Ｊｒ・ウォッチャー20「見る記憶・聴く記憶」

問題27　分野：お話の記憶

〈準備〉　鉛筆

〈問題〉　**この問題の絵は縦に使用してください。**

お話を聞いて、後の質問に答えてください。

今日は、ともこさんのお父さんのお誕生日です。ともこさんは、お父さんのプレゼントを２つ用意しました。１つ目はお花です。ともこさんの家の隣には、お花屋さんがあります。お花屋さんには、いつもたくさんのお花が飾られていて、とてもよい香りがします。ともこさんは自分のお小遣いで、お父さんの好きなヒマワリとユリを買うことにしました。お父さんのためのプレゼントだと伝えると、お花屋さんは大きなリボンをつけて花束にしてくれました。２つ目のプレゼントは、手作りのピザです。お父さんは、ピーマンとトマトとニンジンが好きで、タマネギとキャベツが苦手です。ともこさんは、ピーマンとトマトをピザに載せることにしました、最初に、小麦粉とお湯と油と塩をボールの中で混ぜました。次によくこねた生地を丸めて、しばらく置いておきました。その間に、お母さんが包丁を使って野菜を薄く切りました。そして、しばらく置いておいた生地をともこさんが手でのばし、スプーンでソースを塗り、お母さんがおはしで野菜を載せました。ともこさんがチーズを載せようとしていると、おばあちゃんが「ともこの好きなキノコも載せたら？」と言ったので載せることにしました。最後におばあちゃんがオーブンで焼きました。焼き上がったピザは、とてもいいにおいがしました。お母さんがピザを６つに分けてくれました。「お父さん、お誕生日おめでとう！」お父さんは、おいしいピザも、きれいな花束も、とても喜んでくれました。

（問題27の絵を渡す）
①ともこさんが買った花束に入っていたお花はどれですか。すべて選んで〇をつけてください。
②ピザに載っていた野菜はどれですか。すべて選んで〇をつけてください。
③ピザをオーブンで焼いたのは誰ですか。選んで〇をつけてください。
④ピザを作る時に使った道具はどれですか。すべて選んで〇をつけてください。
⑤お母さんはピザをどのように切り分けましたか。選んで〇をつけてください。

〈時間〉 各10秒

〈解答〉 ①ユリ（左端）、ヒマワリ（右端）
②トマト（右から２番目）、ピーマン（右端）　③おばあちゃん（右端）
④おはし（左端）、スプーン（右端）　⑤左から２番目

［2020年度出題］

学習のポイント

例年出題されているお話の記憶の問題です。当校のお話の記憶の問題は、日常生活の１場面を題材にしたお話から出題されることが多いようです。例えば本問のような買ったものや料理の手順などの描写が多く出てくるので、必然的に細かい内容が問われます。細かい描写を１つひとつすべて覚えることはできないので、お話の流れをイメージにしながら記憶しましょう。例えばピザを作っているところをイメージするなら、ピザにピーマンとトマトが載っている様子を思い浮かべるのです。「ピザにピーマンとトマトが載っている」という文章を覚えるのではありません。イメージして記憶することを繰り返し行っていけば「誰が」「どうした」以外の細かい部分も聞き取れるようになってきます。なお、解答時間が短く、１つの問題に複数の正解があることも当校のお話の記憶の問題の特徴です。落ち着いて、すべての選択肢を確認してから答えるようにしてください。

【おすすめ問題集】

１話５分の読み聞かせお話集①・②、お話の記憶問題集 初級編・中級編、
Ｊｒ・ウォッチャー19「お話の記憶」

問題28　分野：言語（言葉の音）

〈準 備〉　鉛筆

〈問 題〉　①「ば・び・ぶ・べ・ぼ」がつくものを選んで○をつけてください。
②「しんぶんし」のように、はじめと終わりの音が同じものはどれでしょうか。当てはまるものすべてに○をつけてください。

〈時 間〉　各30秒

〈解 答〉　下図参照

［2020年度出題］

学習のポイント

本問では、お子さまがどれだけ言葉を知っているかが問われています。「知っている」というのはこの段階では、ものの名称をきちんと言えるということですが、そのもの自体を知らなかった場合はともかく、「そのものは知っているが、正しい名称で覚えていなかった」という場合は対策が必要です。もちろん「知らない」場合は、さまざまなメディアを使ったり、実際に見に行くなどの経験をすればよいのですが、間違った名称や使い方を覚えてしまっている場合には、その記憶を上書きをするという大変な手間がかかります。小学校受験では赤ちゃん言葉やご家族特有の呼び方で覚えていても意味がないということです。そのような余計な苦労はない方がよいので、ふだんの生活から見直しましょう。お子さまがはじめて経験すること、はじめて目にするものを説明する時には、特に「正確な言葉遣い」を心がける必要があります。

【おすすめ問題集】

Ｊｒ・ウォッチャー17「言葉の音遊び」、18「いろいろな言葉」、
60「言葉の音（おん）」

問題29　分野：推理（位置の移動、行動推理）

〈準 備〉　鉛筆

〈問 題〉　①たろうくんの家は★のマークのところです。たろうくんが矢印の方向に進み、最初の曲がり角を右に曲がり、そのまままっすぐ進み、右側に見えるお店に○をつけてください。
②花子さんの家は☆のマークのところです。矢印の方向に進み、絵本を買いに行きます。出かける時に、お母さんが「キャベツを買ってから絵本を買いに行ってね」と言いました。１度通った道は戻りません。花子さんは１番短い距離で行けるように歩いたそうです。花子さんが家に帰るまでに通った道に線を引いてください。
③たろうくんと花子さんは、学校で待ち合わせをしていました。花子さんが学校へ行く途中、ケガをしているお友だちを見つけたので病院に連れていってあげました。たろうくんはどこで花子さんを待っているでしょうか。たろうくんが待っている場所に×をつけてください。

〈時 間〉　各15秒

〈解 答〉　下記参照

［2020年度出題］

学習のポイント

当校では例年、本問のような「位置の移動」の問題が出題されています。「位置の移動」の問題のポイントは「登場人物の視点で考えること」です。①②ともに、たろうくん、花子さんの視点で左右を判断するのです。たいていのお子さまは「絵の中に自分を置く」ということができませんから、自分にとっての左右と勘違いしてしまいます。この問題の場合は、地図が簡単で、店の場所も惑わせるようなものはありません。その認識がなくても正解できてしまうかもしれないので、お子さまがどの視点で答えているかはチェックしておきましょう。③は行動推理の問題です。「推理」と言っても、「こうしたら、次はこうなる」という当たり前のことを聞くことが多いので、素直に答えれば正解できるでしょう。

【おすすめ問題集】
Ｊｒ・ウォッチャー31「推理思考」

問題30　分野：制作（巧緻性）

〈準 備〉　折り紙、ハサミ、画用紙、クレヨン（12色）
※あらかじめ準備した道具を渡しておく。

〈問 題〉　**この問題は絵を縦に使用してください。**
まず、折り紙を２つに折ります。次に、折り線のところで半分に切ってください。切ったらハサミを置いてください。
切った紙をまた半分に折ります。次に、折り線のところで半分に切ってください。切ったらハサミを置いてください。
切った紙を画用紙に貼り、クレヨンで絵を描いてください。新聞紙を机の上に広げてから始めてください。できたら、画用紙を前に持ってきてください。新聞紙をたたんで、道具を片付けてください。

〈時 間〉　10分

〈解 答〉　省略

[2020年度出題]

学習のポイント

この問題は、先生の指示通りに作業ができるかどうかが１番のポイントです。課題内容自体は折り紙を折ったり、切ったりという単純な作業です。単純な作業が続くので指示を聞かなくても、ある程度次に何をするのかわかってしまいますが、先走りすることなく１つひとつ指示を聞いてから作業するように指導しておきましょう。また、この課題では道具を片付けるところまで指示がされています。作品を作り終えたからといって、それで終わりとならないのは当校教育方針と重なるところです。日々の学習でも片付けなど課題を終えた後でも何をするべきか意識させましょう。

【おすすめ問題集】
実践 ゆびさきトレーニング①・②・③、Ｊｒ・ウォッチャー23「切る・貼る・塗る」

問題31　分野：面接

〈準 備〉　なし

〈問 題〉　**この問題の絵はありません。**

【保護者へ】
・志望理由をお聞かせください。
・ご家庭での教育方針をお聞かせください。
・ご家庭でお子さまはどのように過ごしておられますか。
・お子さまの成長を感じるのはどんなところですか。
・子育てで気を付けていることはなんですか。
・集団生活でトラブルがあった場合、どのように対処しますか。
・休日の過ごし方についてお話しください。

【志願者へ】
・お名前を教えてください。
・今あなたがいる小学校の名前はなんですか。
・お休みの日はお父さんと何をしますか。
・好きな食べものと嫌いな食べものを教えてください。
・幼稚園（保育園）で好きな行事はなんですか。
・嫌いな食べものが給食で出たらどうしますか。

〈時 間〉　15分程度

〈解 答〉　省略

［2020年度出題］

学習のポイント

面接時間は約15分で、面接担当者は２名です。「両親が子育てでどのように協力しているか」を聞かれるケースもあったので、それぞれの役割分担があってもよいという考え方なのでしょう。事細かにどのように分担しているといったことは言わなくてもよく、日頃から共通の教育方針を持ち、それに沿って子育てをしているということを伝えてください。仕事の都合や家庭の事情で、できないことがある場合はもう１人がカバーしているが、２人が持っている教育に対しての考え方は同じといったことを話せばよいのです。基本的に欠点を探すような面接ではありませんから、入学に対する意欲を示すこと、志望動機をはっきりと述べることができれば問題ないでしょう。

【おすすめ問題集】
新小学校受験の入試面接Ｑ＆Ａ、家庭で行う面接テスト問題集、
保護者のための面接最強マニュアル

問題32　分野：推理（比較）

〈準 備〉　鉛筆

〈問 題〉　①上の段を見てください。それぞれのコップにジュースが入っています。この中で、１番ジュースが多いコップに○、１番ジュースが少ないコップに×をつけてください。
②真ん中の段を見てください。それぞれの入れものに水が入っています。この中で、１番水が多い入れものに○、１番水が少ない入れものに×をつけてください。
③下の段を見てください。エンピツが何本かあります。この中で、１番長い鉛筆に○、１番短い鉛筆に×をつけてください。

〈時 間〉　各20秒

〈解 答〉　下図参照

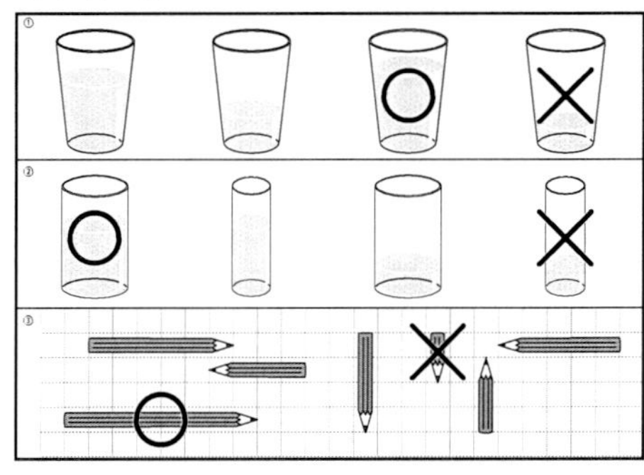

［2019年度出題］

学習のポイント

当校の問題は、推理分野からの出題が多いことが特徴ですが、それらの問題では、観察力や思考力が問われています。問題はそれほど難しくないので、指示をよく聞いて、絵をよく見て、よく考えてから答えを選ぶようにしてください。水の量や線の長さなどを比べる時には、まず、それぞれのものに共通する部分を見つけてから違いを比べるようにすると、判断しやすくなります。はじめのうちは、「よく見なさい」などと抽象的な声かけをせずに、「同じところと、違うところをよく見よう」などと、具体的な指示を出していくとよいでしょう。慣れてきたら、そのような注意点に、お子さまが自分で気が付くようになります。

【おすすめ問題集】

Ｊｒ・ウォッチャー15「比較」、58「比較②」

問題33　分野：数量（数のやりとり）

〈準備〉　鉛筆

〈問題〉　男の子と女の子がアメを３個ずつ持っています。ジャンケンをして勝ったら、アメを相手から１個もらえます。
①左の絵のように３回のジャンケンが終わった時、男の子と女の子はアメをそれぞれいくつずつ持っていますか。その数だけ四角の中に○を書いてください。
②右の絵のように４回のジャンケンが終わった時、男の子と女の子はアメをそれぞれいくつずつ持っていますか。その数だけ四角の中に○を書いてください。

〈時間〉　各30秒

〈解答〉　下図参照

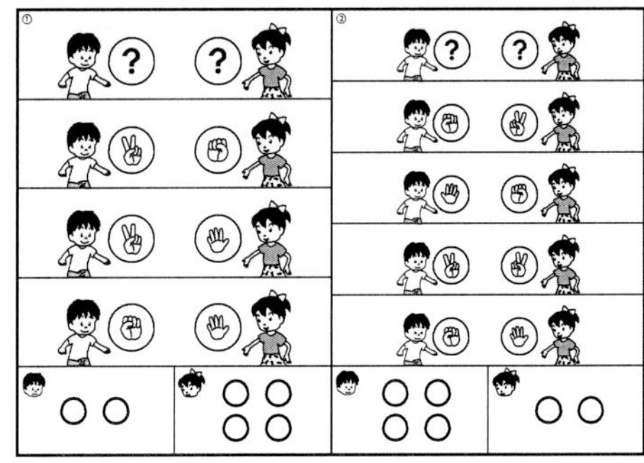

［2019年度出題］

学習のポイント

当校では、数量の問題が毎年出題されています。中でも数のやりとりに関する問題は頻出の分野です。１～10までの数を理解できていることに加えて、基本的な増減ができるかどうかが観られています。本問では、はじめにアメを３個持っていて、ジャンケンに勝つとアメを相手から１個もらえます。しかし、負けると１個相手にあげなければいけないということが、言葉では直接説明されていないところに本問の難しさがあります。問題を解く際には、まず男の子の結果のみに注目して増減を確認した後で、女の子の増減についても同様に確認するとよいでしょう。１回のジャンケンごとに両方の増減を数えようとすると、失敗の可能性が高くなります。ふだんの練習でも、２つの数量の増減を同時に処理させたりせず、１つずつ順番に確認をしていくことを理解させておくとよいでしょう。

【おすすめ問題集】

Ｊｒ・ウォッチャー38「たし算・ひき算１」、39「たし算・ひき算２」、43「数のやりとり」

問題34　分野：推理（置き換え）

〈準 備〉　鉛筆

〈問 題〉　てんびんに、スイカを載せたお皿と、メロンとリンゴとイチゴを載せたお皿があります。
左側の上の絵のように、2つのお皿が同じ重さで釣り合っている時、下の絵の右のお皿に、メロンとリンゴとイチゴを、それぞれいくつずつ載せれば釣り合いますか。その数だけ四角の中に○を書いてください。できたら、右側も同じように答えてください。

〈時 間〉　各30秒

〈解 答〉　①メロン：2個　リンゴ：4個　イチゴ：2個
②メロン：2個　リンゴ：6個　イチゴ：4個

［2019年度出題］

学習のポイント

釣り合っているてんびんに載せられたものの、重さの関係を考える問題です。本問では、それぞれの重さの関係はわからず、メロンとリンゴとイチゴをいくつか集めると、スイカ1個分の重さになるということから答えを導かなければなりません。その点で、着眼点に気が付くための高い思考力が要求されている問題と言えます。問題のポイントに着眼する力を伸ばすには、さまざまなバリエーションの問題に取り組むことと、必ず指示を最後まで聞いて、よく考えてから取り組むようにすることです。答え合わせの時には、たとえ正解であっても考え方の念押しをするようにすると、問題を最後まで終えてから次に取り組む習慣がつき、早とちりや聞き逃しが減って、よく考えてから取り組むようになります。

【おすすめ問題集】
Ｊｒ・ウォッチャー57「置き換え」

問題35　分野：図形（点図形・模写）

〈準 備〉　鉛筆

〈問 題〉　お手本の絵と同じ形になるように、点と点を線で結んでください。

〈時 間〉　1分30秒

〈解 答〉　省略

［2019年度出題］

学習のポイント

当校の図形分野の問題は、毎年４問程度、さまざまなバリエーションで出題されており、図形分野全般に対する幅広い学習が必要とされます。点図形の問題では、位置や座標を正確にとらえる観察力が観られています。あわせて、線をきれいに引く巧緻性の力も問われている、複合的な問題と言えます。座標をとらえる時は、特定の頂点に注目して、次の点がそこから上下、左右にいくつずつ進んだところにあるか確認してから線を引くようにするとよいでしょう。しかし、一筆書きの要領で線を引くと、鉛筆を右から左へ、下から上へ動かさなければならない場合があります。そのような時は、無理にそのまま線を引こうとせず、描きやすい手順で線を引いてください。

【おすすめ問題集】

Ｊｒ・ウォッチャー１「点・線図形」、51「運筆①」、52「運筆②」

問題36　分野：図形（図形の構成）

〈準　備〉　鉛筆

〈問　題〉　上にあるピースをすべて使って、さまざまな形を作ります。下にある形の中で、作ることができるものに○、できないものに×をつけてください。この時、ピースの向きを変えたり、重ねたりしてもよいです。

〈時　間〉　各20秒

〈解　答〉　下図参照

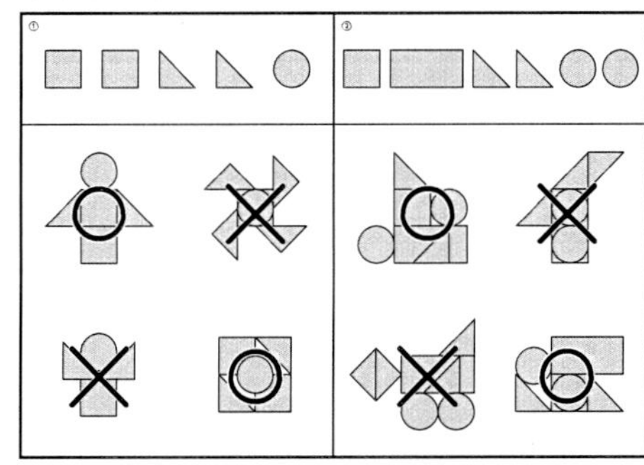

［2019年度出題］

学習のポイント

問題に取り組む時には、指示をよく聞いて、その通りに行動します。あたりまえのことですが、受験勉強の要領がつかめてくると、意外と忘れやすい点です。その結果、早とちりや聞き逃しをしてしまうことになります。本問の場合、「ピースをすべて使う」「できるものとできないものの両方に印をつける」「ピースの向きを変えたり、重ねたりしてよい」という３点をふまえて、「さまざまな形を作る」ことが求められています。この指示を守って進めると、自然と答えは見つけられます。○と×の両方を答えるところでの失敗も少なくなるでしょう。このように、本問では観察力だけでなく、指示をしっかりと聞き取る力も観ています。当校の試験は一見簡単そうに見えますが、１問に与えられている時間が比較的短いために急いでしまいがちです。だからこそ、よく聞いて１度で正解を答えられるようにする力をつけていくことが大切です。

【おすすめ問題集】

Ｊｒ・ウォッチャー３「パズル」、54「図形の構成」

問題37　分野：推理

〈準 備〉 鉛筆

〈問 題〉 （問題37－１の絵を渡す）
①上の段の絵を見てください。水が入ったコップがいくつかあります。これらのコップを叩いた時、１番高い音が出るコップはどれですか。選んで○をつけてください。
②動物たちがシーソーで遊んでいます。１番重たい動物に○、２番目に重たい動物に△をつけてください。
（問題37－２の絵を渡す）
③上の段の絵を見てください。上の絵のようにアメを箱に入れると、数がいくつか増えました。では、下の絵のようにアメを箱に入れると、アメはいくつになるでしょうか。その数だけ右の四角に○を書いてください。
④動物たちが積み木で遊んでいます。ウシさんが持っている積み木で作った形はどれですか。選んで○をつけてください。

〈時 間〉 各15秒

〈解 答〉 ①右端　②○：タヌキ　△：ブタ　③○：５　④左上

［2019年度出題］

当校の推理分野の問題では、小問集合の形で出題されることが特徴です。思考力や観察力はもちろん、１問ごとに切り替えて取り組む力も必要です。①では、コップの水が少ない方が、叩いた時の音が高くなることを、日常生活で水が入ったコップを叩いた経験や、それに類似する経験から推測できるとよいでしょう。②は１番重いものを載せたシーソーは常に下がっているということを理解し、それぞれの重さを順番に並べれば正解にたどり着きます。③はブラックボックスです。アメが増えた数を把握できれば、問題はすぐに解けます。④では、似通った形の積み木を見分けて、その数をかぞえればよいでしょう。このように、それぞれの問題はそれほど難しいものではありませんが、与えられた時間が短いので、着眼ポイントをすばやく考えなければなりません。また、わからなかった時でも、気持ちを切り替えて次の問題に取り組むことも大切です。ふだんの練習でも切り替えをスムーズにできるよう、小問集合の形式を真似た練習も取り入れてください。

【おすすめ問題集】

Ｊｒ・ウォッチャー31「推理思考」、32「ブラックボックス」、33「シーソー」、54「図形の構成」

問題38　分野：図形（図形の構成）

〈準備〉　鉛筆

〈問題〉　（問題38-１の絵を渡す）
いくつかのマッチ棒があります。これらのマッチ棒をすべて使ってできる形を下から選んで○をつけてください。
（問題38-２の絵を渡す）
２つの形を組み合わせて四角を作ります。左の形と合わせた時に四角になるものを右から選んで○をつけてください。形の向きを変えてはいけません。

〈時間〉　各30秒

〈解答〉　下図参照

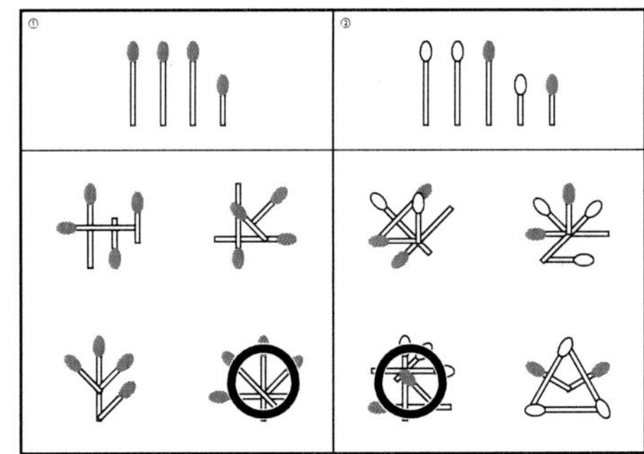

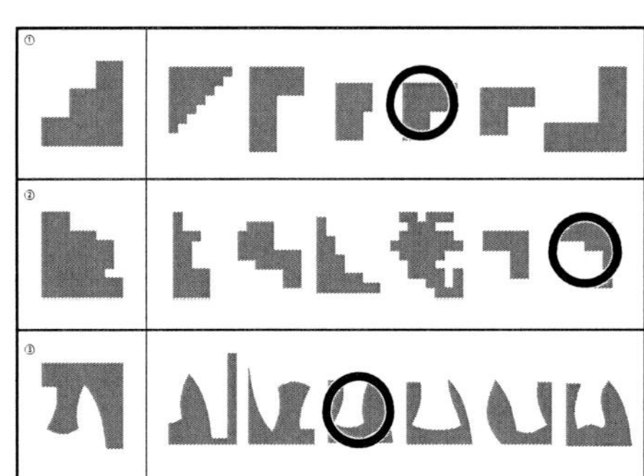

［2019年度出題］

学習のポイント

当校の図形の構成の問題は、複雑な形が多いことが特徴です。その上、解答時間が短いことから、難度の高い問題と言えます。この分野の観点は、空間把握力と言われていますが、具体的には全体像をとらえた上で、細かい部分の特徴をつかむ力ということです。例えば、問題38-1の場合、全体を見て2～4種類のマッチの組み合わせであることを理解した上で、黒くて長いマッチの本数が同じものを選ぶと答えが見つけやすくなります。問題38-2では、「全体像＝組み合わせた後の四角」をイメージできると、答えは余白の部分の形とわかります。このような目の配り方に慣れてくると、答えを見つけるための着眼点がわかってきます。ハウツーやテクニックに頼らず、正しい目の配り方が身に付くように練習を進めてください。

【おすすめ問題集】

Ｊｒ・ウォッチャー9「合成」、45「図形分割」、54「図形の構成」

問題39　分野：お話の記憶

〈準備〉　鉛筆

〈問題〉　お話を聞いて、後の質問に答えてください。

ななさんの幼稚園では、もうすぐ楽しみにしている遠足があります。ななさんはお母さんといっしょに、お弁当の材料を買いに行きました。ななさんは、ハンバーグとたまご焼きが大好きなので、お母さんはななさんが喜ぶお弁当を作ろうと、今から張り切っています。
２人ははじめに、お肉屋へ行って、ソーセージを買いました。次に八百屋でタマネギとトマト、キュウリを買いました。その後スーパーに行って、たまごと牛乳を買いました。それから、遠足のおやつにビスケットとアメも買いました。
お買い物が終わってお家に帰ると、おばあちゃんが遊びに来ていました。「おばあちゃん、いらっしゃい。今日は遠足のお買い物に行っていたの」とななさんは言いました。おばあちゃんは、「そうかい。どこに行くんだい」と聞きました。ななさんは「大きい池と風車がある公園にいくの。池にはコイがいて、アヒルも泳いでいるんだって。見られるといいな」と答えました。「それからみんなでゾウのすべり台で遊ぶの」とななさんが言うと、おばあちゃんは笑顔で、「いい天気になるといいね」と言いました。
遠足の日、ななさんは早起きしました。リュックサックにお弁当とレジャーシートを入れました。水筒を肩からかけて、さあ出発です。「行ってきます」と大きな声で言うと、「行ってらっしゃい」と、お母さんと妹のちよこちゃん、おばあちゃんが見送ってくれました。

（問題39の絵を渡す）

①ななさんとお母さんが八百屋で買ったものはどれですか。選んで○をつけてください。
②公園にあるものはどれですか。選んで○をつけてください。
③ななさんが、公園で見るのを楽しみにしているものはどれですか。選んで○をつけてください。
④ななさんがお家を出発した時、見送ってくれたのは誰ですか。選んで○をつけてください。

〈時 間〉　各10秒

〈解 答〉　下図参照

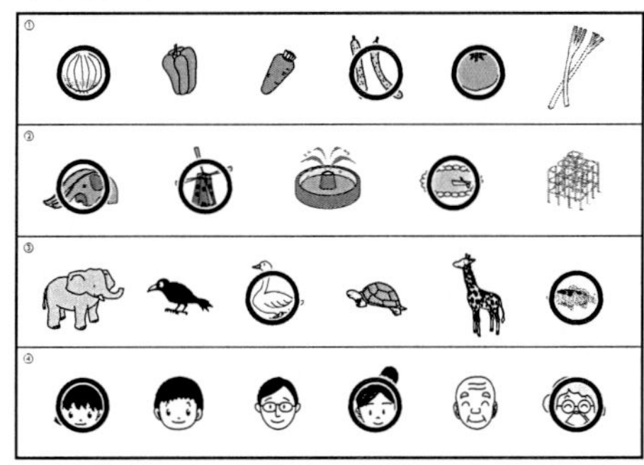

［2019年度出題］

学習のポイント

当校のお話の記憶は、買ったものや出てきた動物などの細かい描写が多くなっています。情報が多いので聞き取りが難しくなります。しかし、その細かい描写のすべてから質問されるわけではありません。質問されるかどうかという取捨選択をしながら聞き取ることはできないので、以下のようなことに注意しながら、お話を聞いてください。①お話の流れを押さえる。場面ごとに短くまとめることで記憶に残りやすくなります。「（人・もの）が～した（になった）」といった形です。②登場する人・動物・ものの形容詞に注目する。大きさや色、形、数などはもちろんですが、人物ならその感情にも注意します。「黄色いマフラーをした黒いウサギさんが泣いています」といった表現があればお話のポイントとして注目するということです。①②ともにお話を聞いた通りに丸暗記することはできないので、イメージに変換しましょう。場面や登場人物・登場するものを思い浮かべるのです。そうすることで、情報を整理することになりますし、その量も小さくなります。

【おすすめ問題集】

1話5分の読み聞かせお話集①・②、お話の記憶問題集 初級編・中級編、
Ｊｒ・ウォッチャー19「お話の記憶」

問題40　分野：記憶（見る記憶）

〈準備〉　鉛筆

〈問題〉　絵を見て覚えてください。
（問題40－1の絵を20秒間見せた後、問題40－2の絵を渡す）
①パンダはどこにいましたか。パンダがいたところに○を書いてください。
②ウサギはどこにいましたか。ウサギがいたところに△を書いてください。
③ネズミはどこにいましたか、ネズミがいたところに×を書いてください。

絵を見て覚えてください。
（問題40－3の絵を20秒間見せた後、問題40－4の絵を渡す）
①クマが持っていたものはどれですか。選んで○をつけてください。
②キツネが持っていたものはどれですか。選んで○をつけてください。

〈時間〉　各5秒

〈解答〉　下図参照

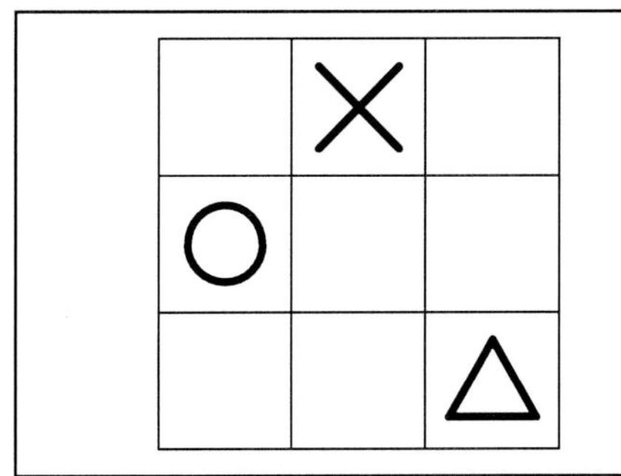

［2019年度出題］

学習のポイント

当校の見る記憶の問題は、問題40－1のように9～12個程度のマスの中に描かれたものの位置を覚える問題と、問題40－3のように絵を覚えて、そこに描かれているものや数を答える問題の2種類が例年出題されています。覚えるものの数は多くないのですが、解答時間がとても短いため、小学校受験としてはレベルの高い問題と言えます。このような記憶の問題に対応する力をつけるためには、すべてを覚えようとせず、解答時間内に「1つでも多く覚える」ことを強く意識して取り組みましょう。そのためには、自分なりに覚え方を統一することが大切です。問題40－1なら上の段から覚える、問題40－3なら左の動物から覚えるなどのやり方です。なお、実際の試験では、記憶する絵は教室の黒板に掲示されていたようです。

【おすすめ問題集】
Ｊｒ・ウォッチャー20「見る記憶・聴く記憶」

問題41　分野：言語（頭音つなぎ）

〈準備〉　鉛筆

〈問題〉　上の段を見てください。ネズミのはじめの音の「ね」とコマのはじめの音の「こ」を合わせると「ネコ」になります。このようにそれぞれの絵のはじめの音をつないで言葉を作ります。
左の絵の言葉を作る時に使う絵を右からすべて選んで○をつけてください。

〈時間〉　各15秒

〈解答〉　下図参照

［2019年度出題］

学習のポイント

頭音つなぎでは、言葉のはじめの音同士をつないで、条件に合う言葉を作ります。当校で出題される言語分野には、しりとりや同音探しなど、一見すると似た形式の問題が多いので、解答の途中で指示がわからなくなったり、勘違いをして間違えてしまったりすることのないように、落ち着いて取り組みましょう。指示を最後まで聞いてから取り組むなどの基本が身に付いたら、言語分野のさまざまな問題をランダムに解いてみましょう。さまざまな問題に触れることで、思い込みや早とちりがなくなり、入試でも解答時間内に確実に答えられるようになります。

【おすすめ問題集】
Ｊｒ・ウォッチャー17「言葉の音遊び」、18「いろいろな言葉」、
60「言葉の音（おん）」

問題42　分野：記憶（聞く記憶）、推理（行動推理）

〈準 備〉　鉛筆

〈問 題〉　**この問題は絵を縦に使用してください。**
大きな木の中に、動物たちのお家があります。
①ネズミさんは３階に住んでいます。ネズミさんの住んでいる部屋に○をつけてください。
②サルさんは５階に住んでいます。サルさんの住んでいる１つ上の部屋に×をつけてください。
③キツネさんは４階に住んでいます。今日は、ウサギさんとネコさんが遊びに来ることになっていました。ウサギさんは来ましたが、ネコさんがなかなか来ないので、キツネさんとウサギさんは、１階に住んでいるゾウさんのところに遊びに行ってしまいました。遅れてきたネコさんは、どの階に行きますか。ネコさんが行くところに△をつけてください。

〈時 間〉　各10秒

〈解 答〉　下図参照

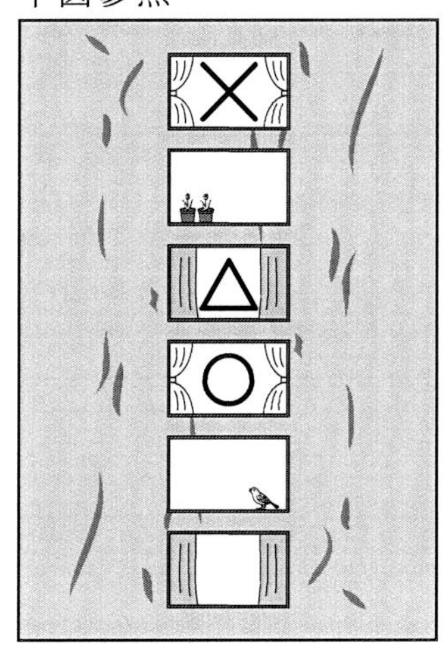

［2019年度出題］

学習のポイント

前年度に続き、位置の聞き取りと行動推理の問題が出題されました。行動推理とは、自分の目の前で起きている出来事に対して、その場にいない人がどのように考えて行動するのかを推測する問題です。これは、当校の特徴的な問題の１つと言えるものです。自分の目線や思考ではなく、他人の目線や思考を想像しなければいけない点が難しいかもしれません。「登場人物の立場」で考えることがポイントになりますが、慣れるまでは指示のお話を途中で止めて、状況を整理しながら進めていくとよいでしょう。慣れてきたら、お話を長く、複雑なものにアレンジして練習する方法もおすすめです。

【おすすめ問題集】
Ｊｒ・ウォッチャー31「推理思考」

問題43　分野：制作（巧緻性）

〈準備〉　のり、新聞紙、ハサミ、クレヨン、画用紙２枚（問題43の絵を参考に、あらかじめ点線を引いたものと見本を作っておく）を机の上に置く。

〈問題〉　**この問題は絵を参考にしてください。**
①のり、新聞紙、クレヨンを机の中にしまってください。
②画用紙を点線に沿ってハサミで切ってください。終わったら、ハサミと切った画用紙を机の中にしまって、新聞紙を出してください。
③新聞紙を机の上に広げてください。できたら、机の上にのりとクレヨンと切った画用紙を出してください。
④（見本の形を見せながら）これは何の形に見えますか。では、同じように、切った画用紙をのりで好きな形に貼り合わせてください。できたら、クレヨンで絵を描きましょう。
⑤（④の作業の途中で）どんな絵を描いていますか。教えてください。
⑥できたら、先生に絵を渡してください。席に戻って、クレヨンとのりと新聞紙を机の中にしまってください。

〈時間〉　15分

〈解答〉　省略

［2019年度出題］

学習のポイント

本問では、作業を進める際の行動が少しずつ示されていく形式です。試験ということをあまり意識することはないでしょう。幼稚園や保育園での工作の時間と同じ進め方なので、逆に言えば、お子さまの自然な様子が表れるので、見せたくない部分も出てしまうかもしれません。指示を聞く、片付けるなどの行動を、自然にできるようにしておきましょう。工作に関しても、作品の出来の良し悪しよりも、ハサミきちんと使えるか、のりを適切に塗ることができるかなどの基本的な作業が観られています。この点については、しっかりと練習をしておきましょう。当たり前のことですが、経験を積めば上手になりますし、作業全体に余裕が生まれます。

【おすすめ問題集】
実践 ゆびさきトレーニング①・②・③、Ｊｒ・ウォッチャー23「切る・貼る・塗る」

問題44　分野：面接

〈準備〉　なし

〈問題〉　**この問題の絵はありません。**

【保護者へ】
・志望理由をお聞かせください。
・ご家庭での教育方針をお聞かせください。
・ご家庭でお子さまはどのように過ごしておられますか。
・お子さまの成長を感じるのはどんなところですか。
・子育てで気をつけていることはなんですか。
・集団生活でトラブルがあった場合、どのように対処しますか。
・休日の過ごし方についてお話しください。

【志願者へ】
・お名前を教えてください。
・この小学校の名前はなんですか。
・お休みの日はお父さんと何をしますか。
・好きな食べものと嫌いな食べものを教えてください。
・幼稚園（保育園）で好きな行事はなんですか。
・嫌いな食べものが給食で出たらどうしますか。

〈時間〉　15分程度

〈解答〉　省略

［2019年度出題］

学習のポイント

日頃から両親が共通の教育方針を持っていて、それに沿って子育てをしているかどうかが問われています。念のため、保護者同士で事前に教育方針に対する考えを整理しておきましょう。基本的に欠点を探すような面接ではないので、入学に対する意欲を示して志望動機をはっきりと述べられれば、問題ありません。宗教や当校の教育方針である予防教育法、説明会・行事に参加した際の感想などについても、一度整理しておくとよいでしょう。志望動機で語る上で必要になってきます。

【おすすめ問題集】
新小学校受験の入試面接Q＆A、家庭で行う面接テスト問題集、
保護者のための面接最強マニュアル

問題１７

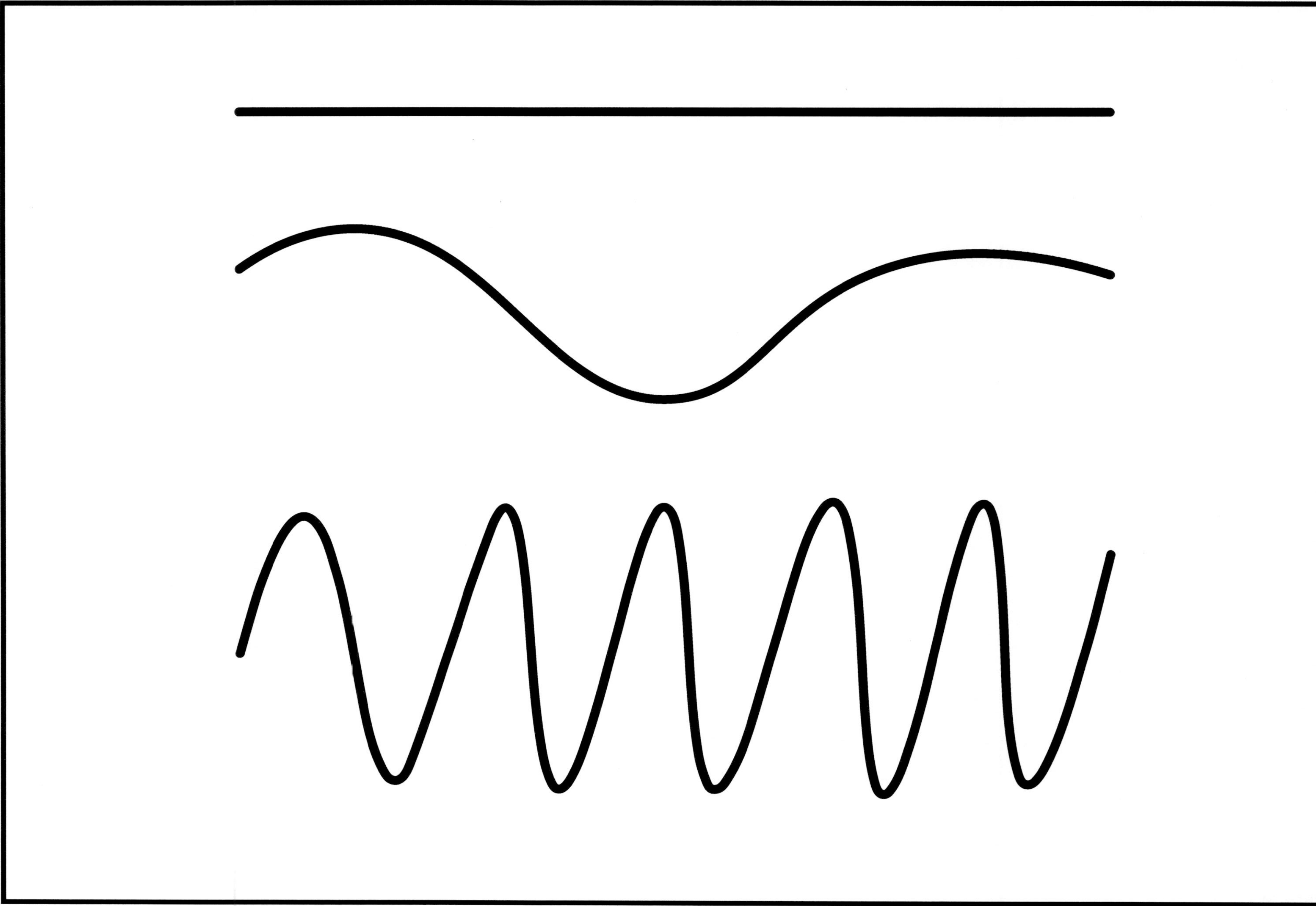

問題１８

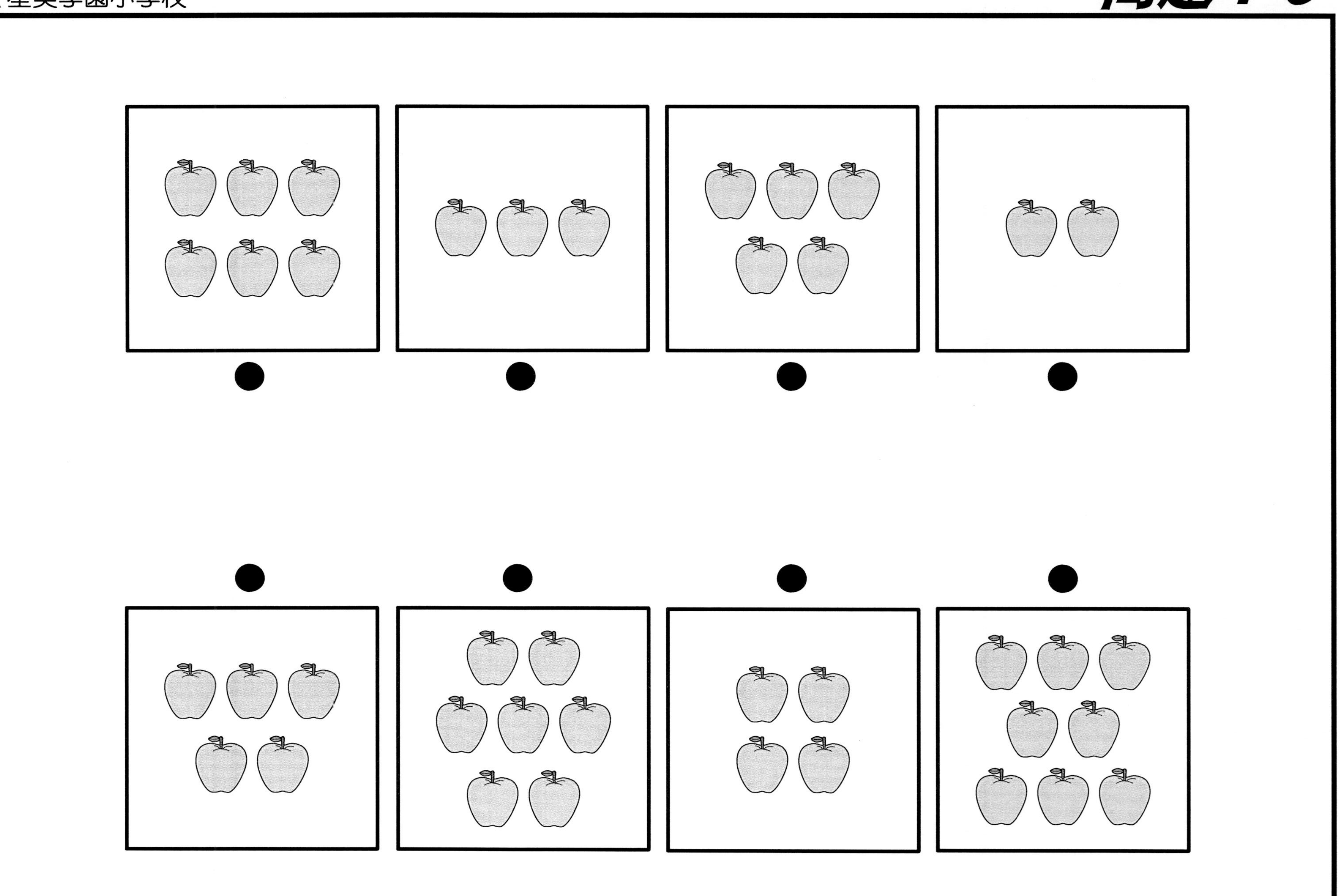

日本学習図書株式会社

問題１９

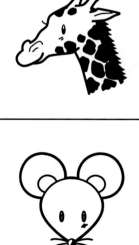

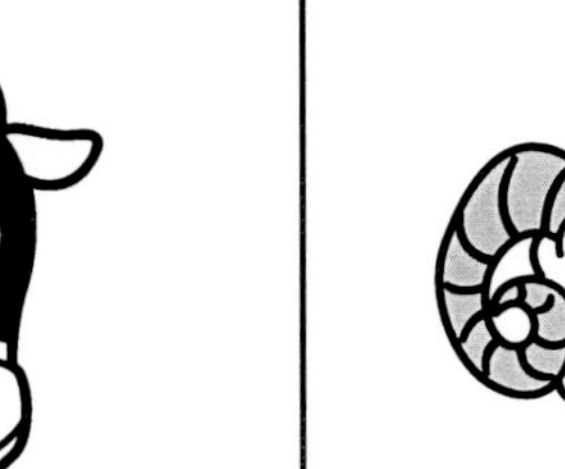

日本学習図書株式会社

問題２０

①

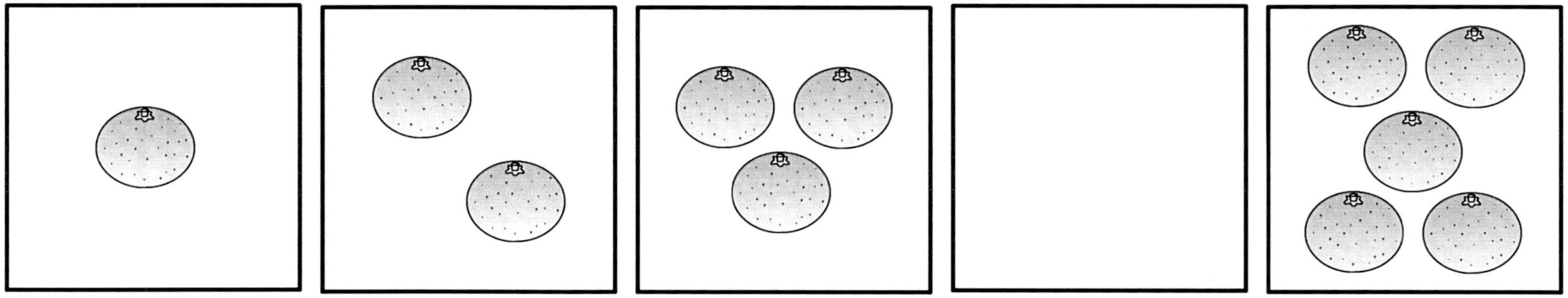

②

日本学習図書株式会社

問題21

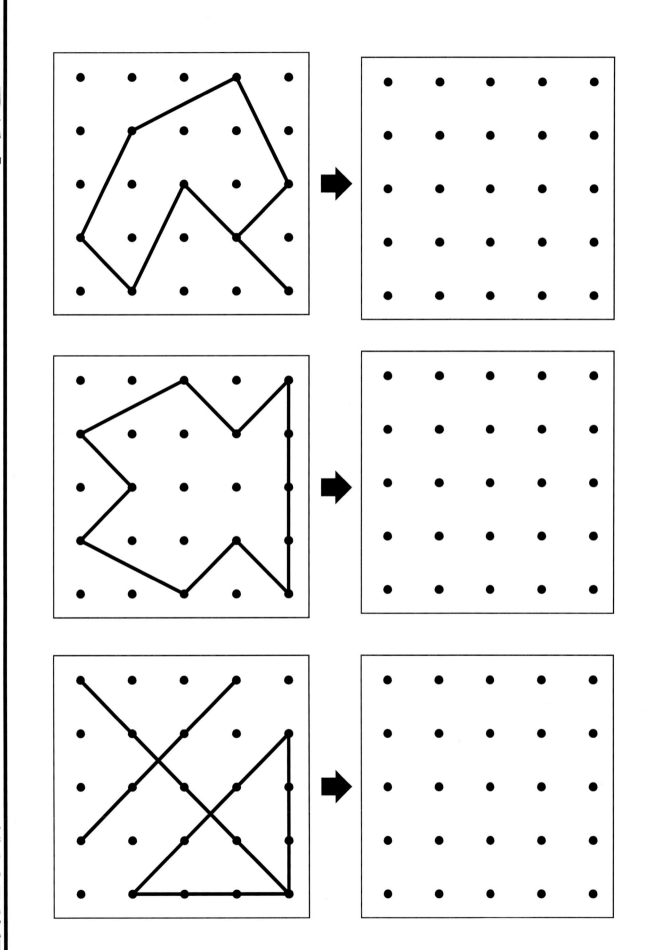

問題２２

①

②

③

④

日本学習図書株式会社

問題２３

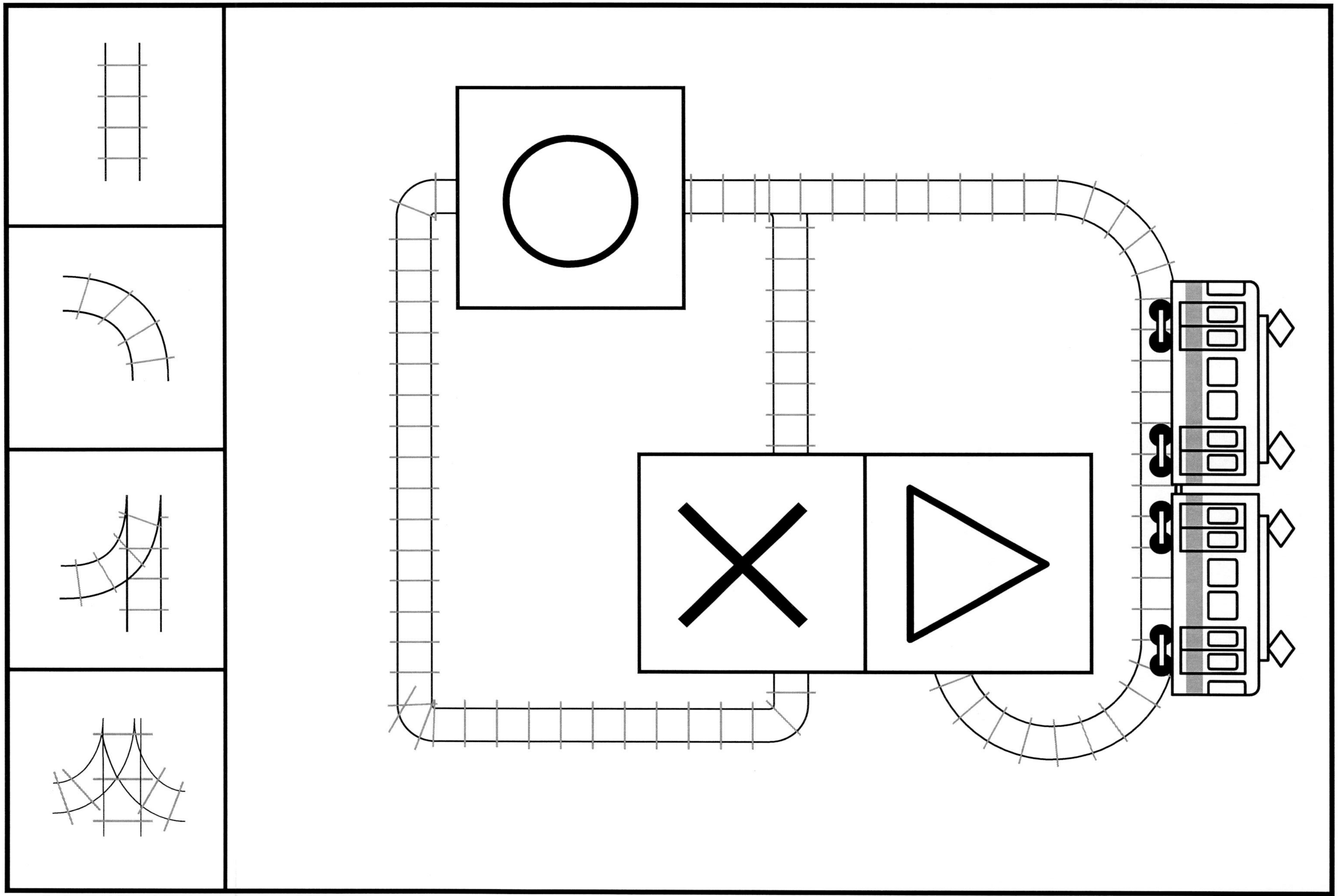

問題２４

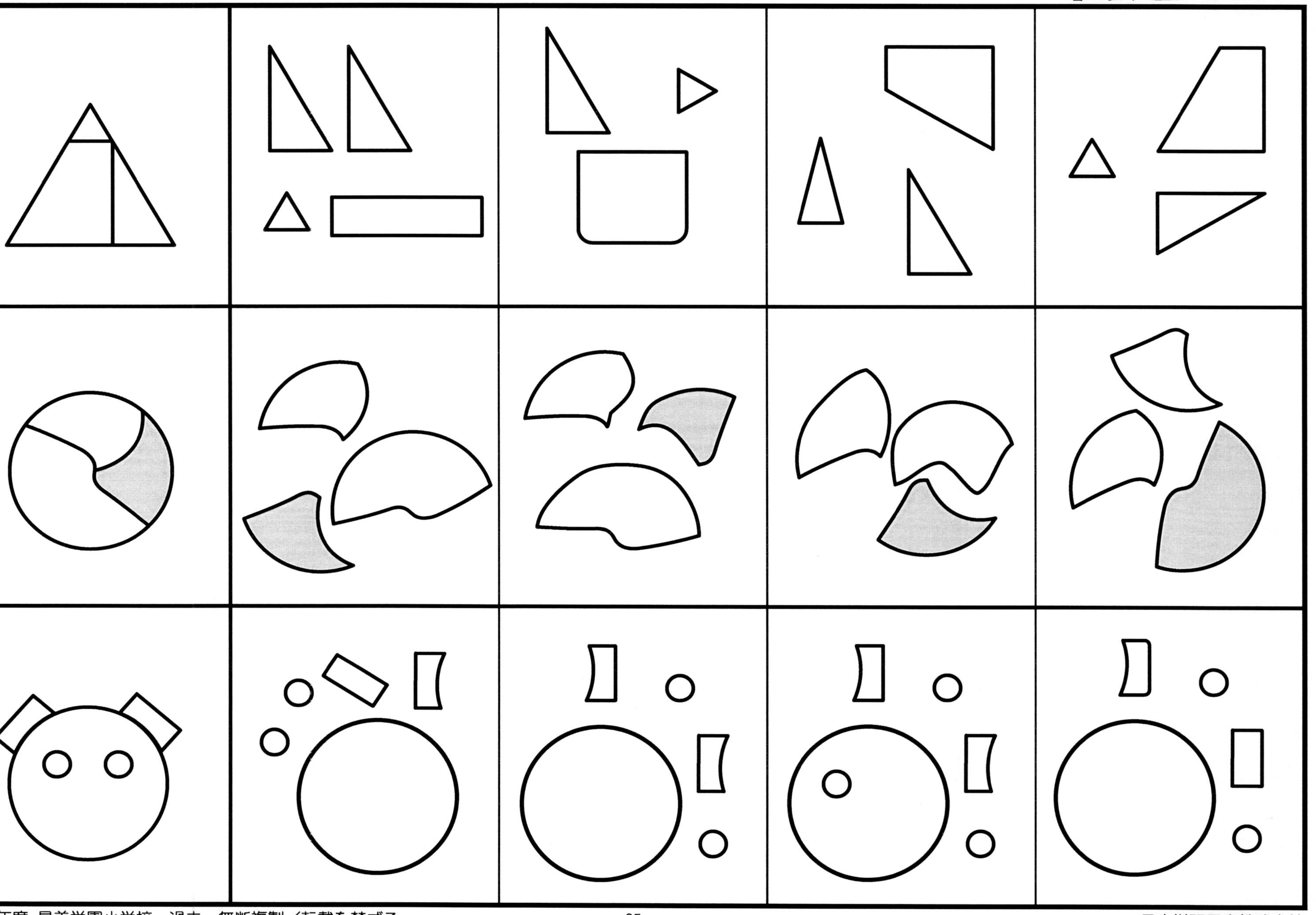

問題２５

①

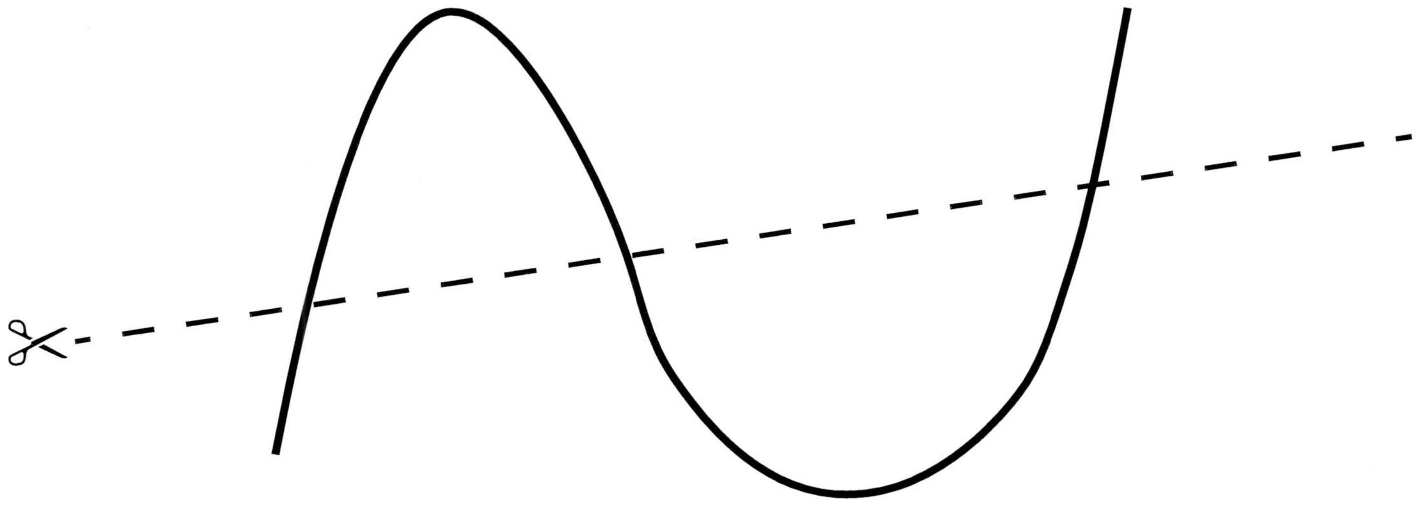

②

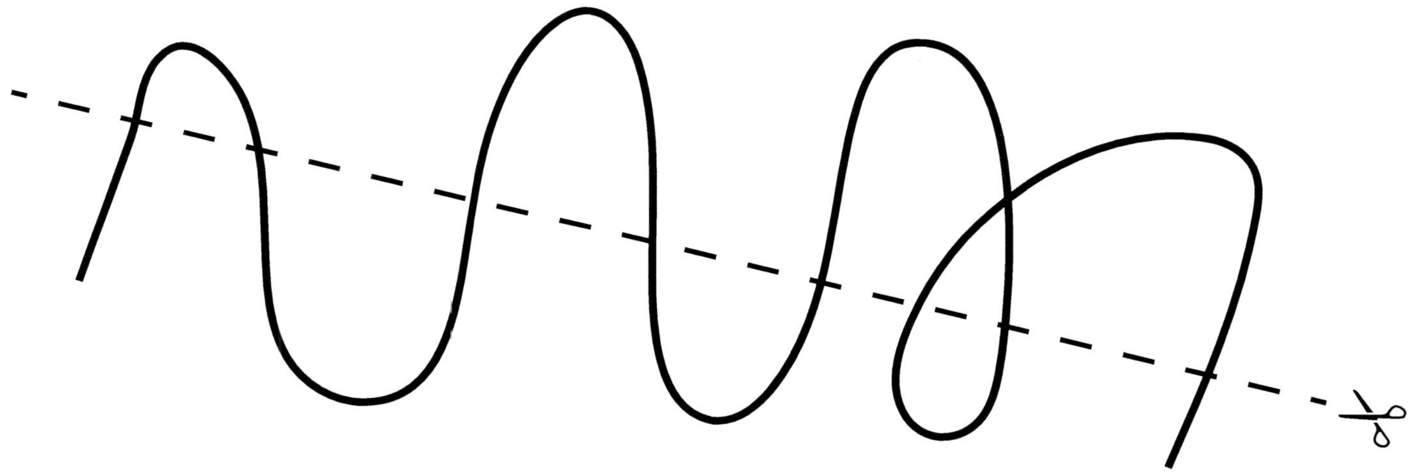

　

問題26−1

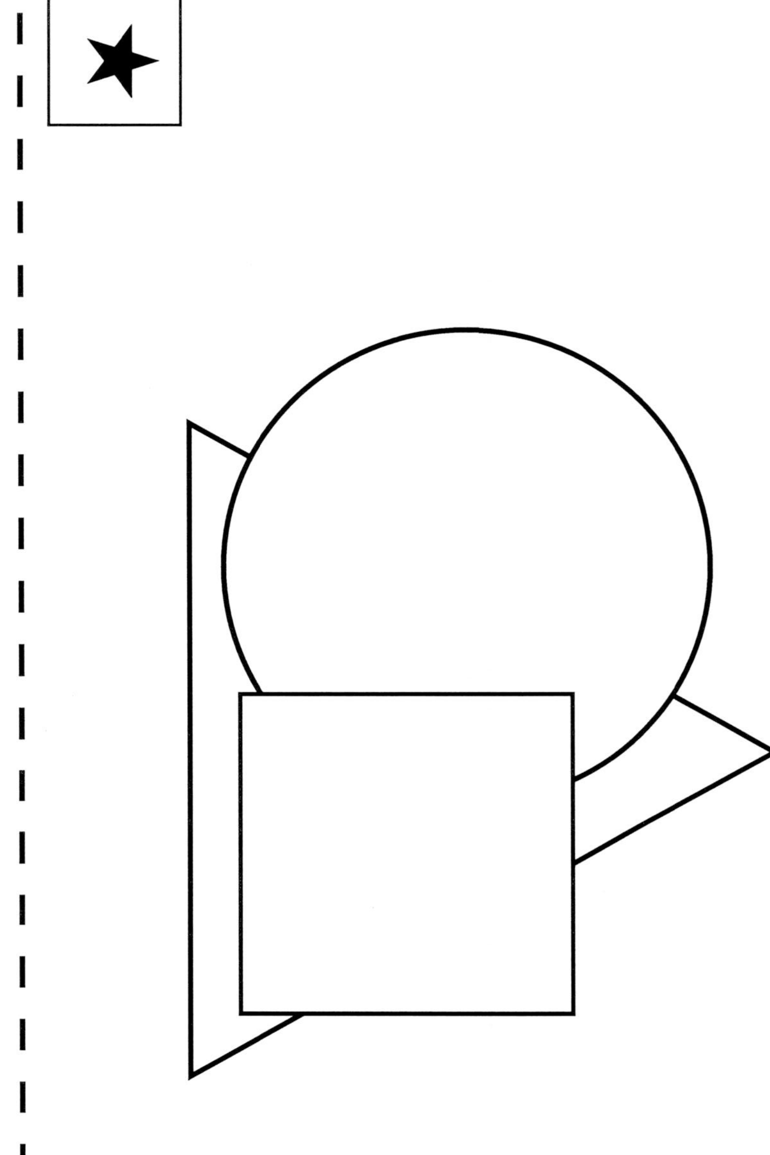

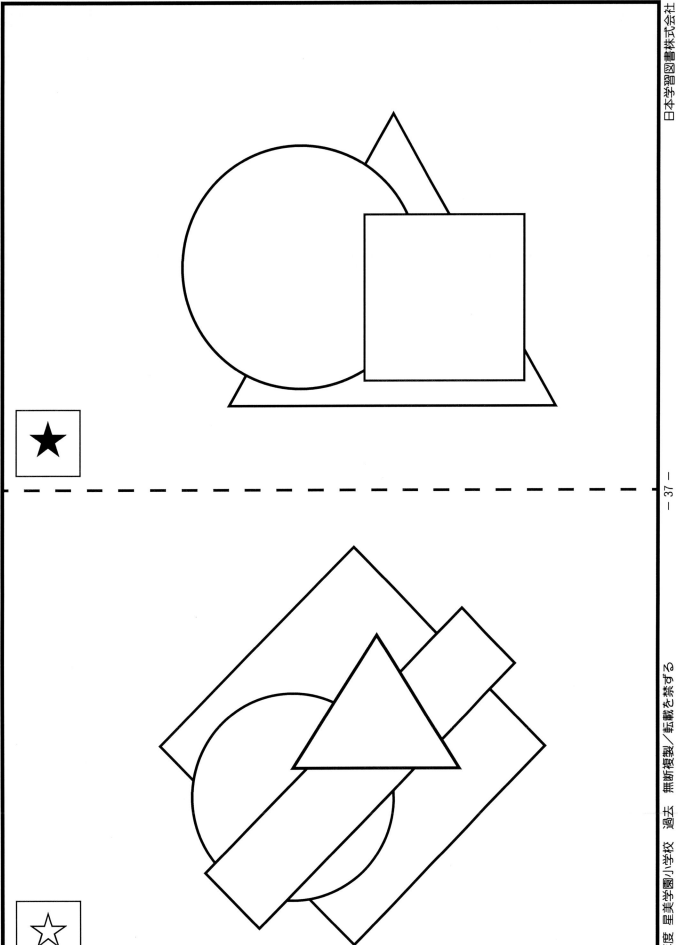

問題26－2

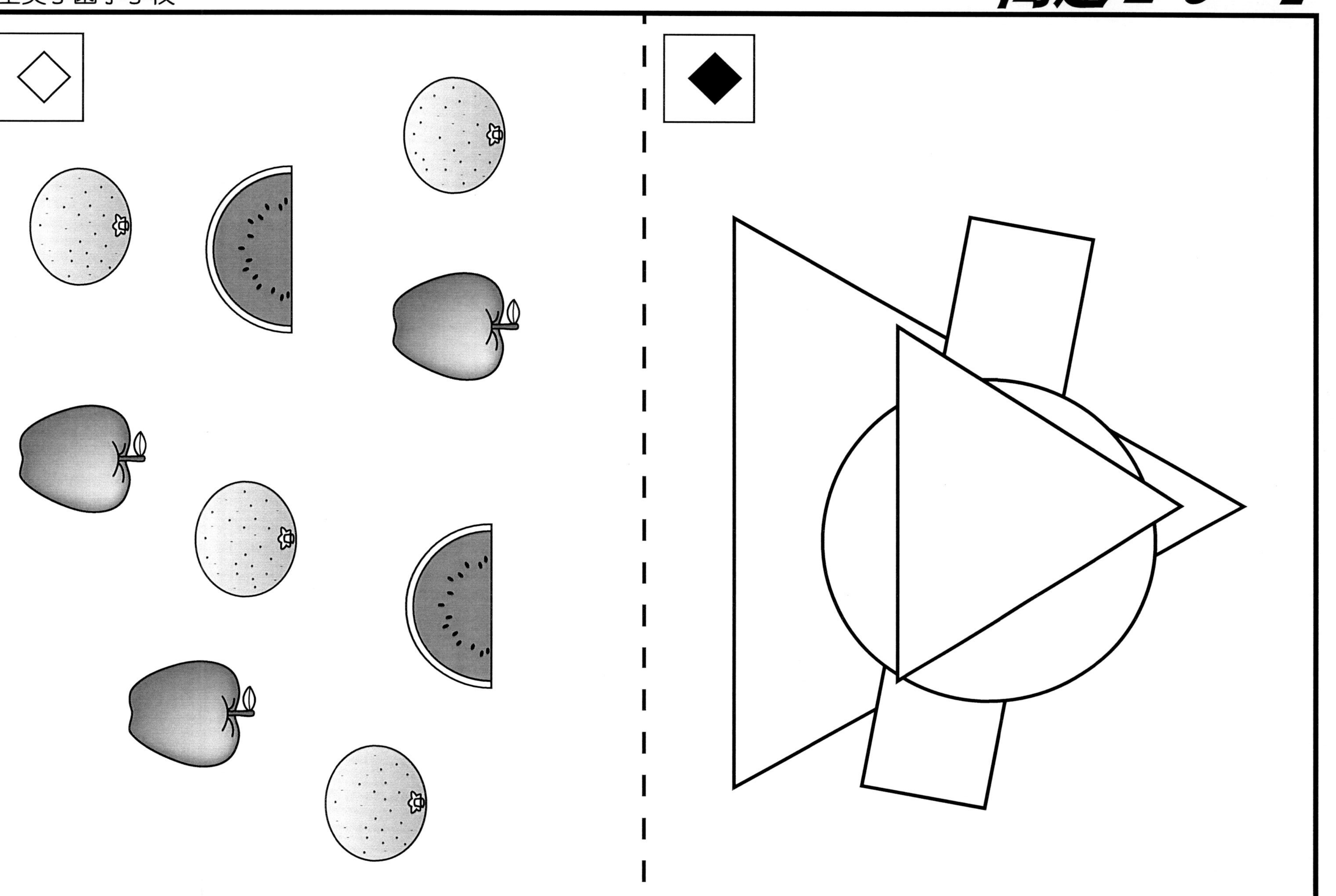

問題２６－３

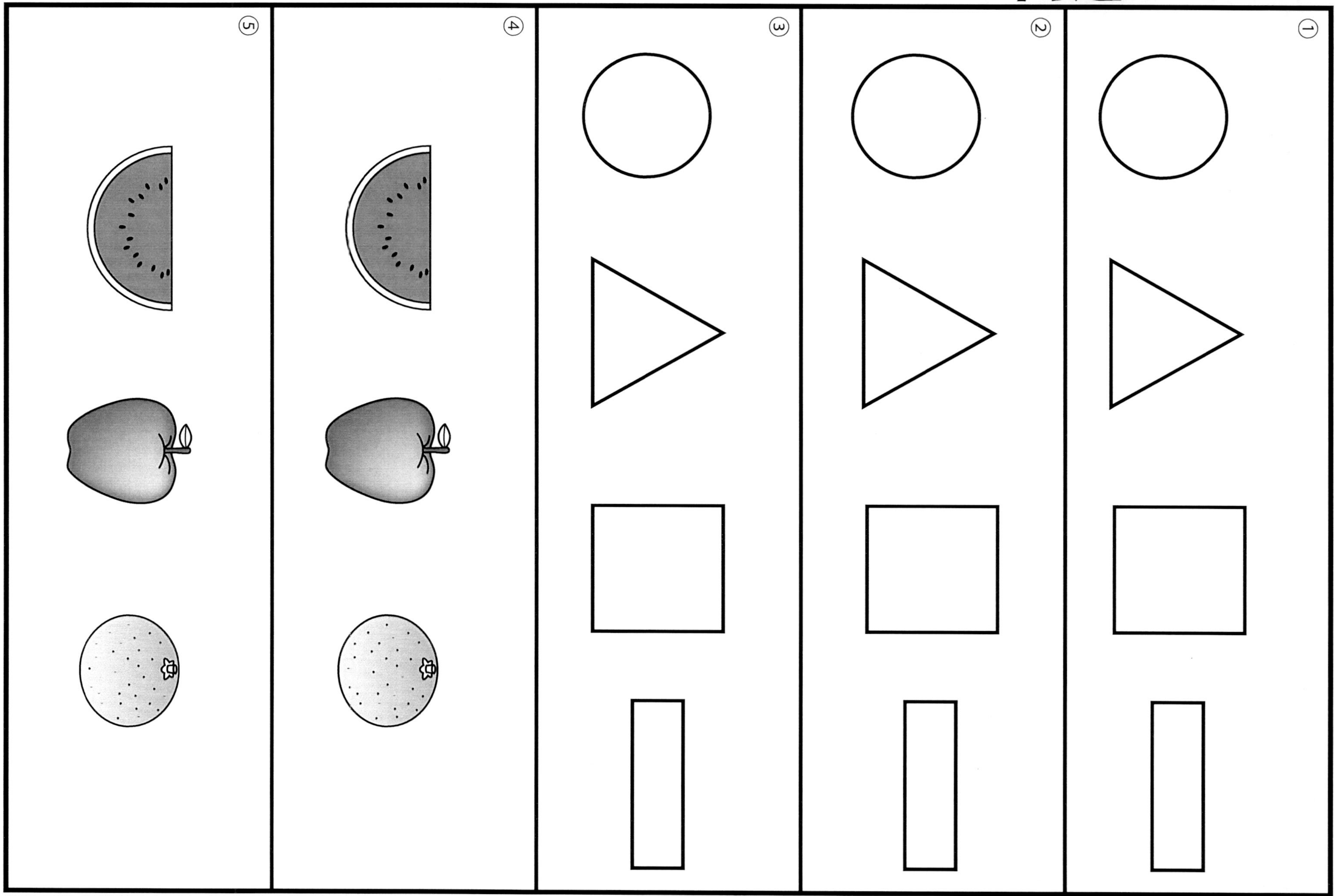

①

②

③

④

⑤

問題２７

①

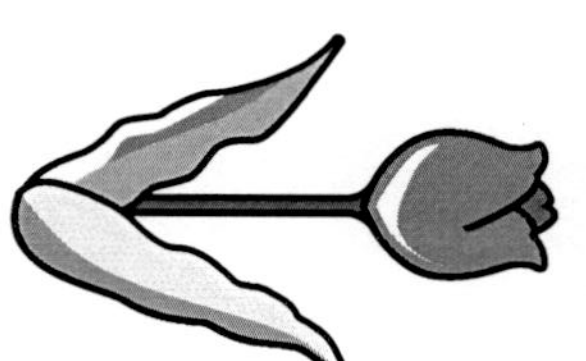
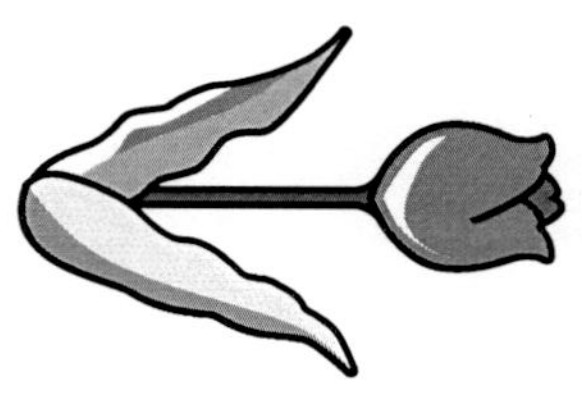
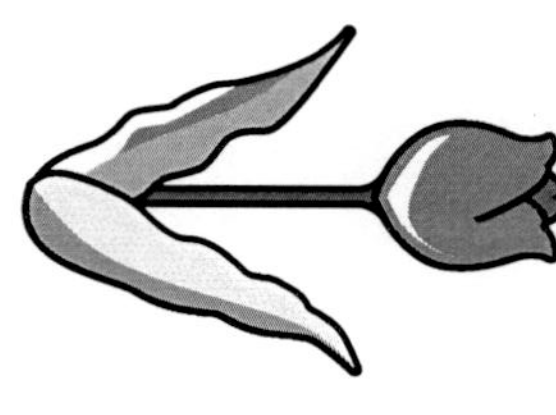
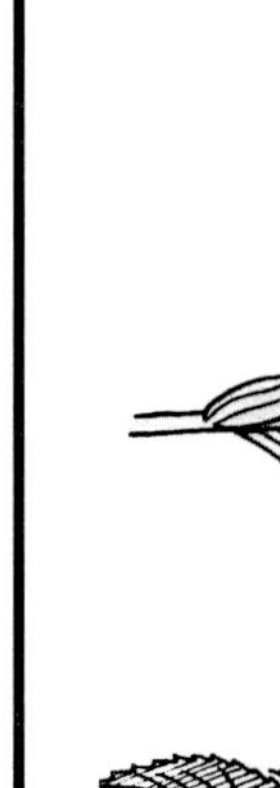

②

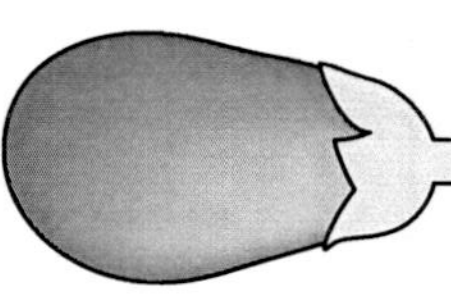
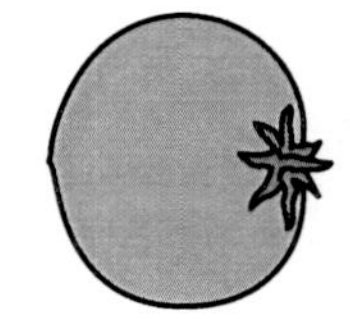
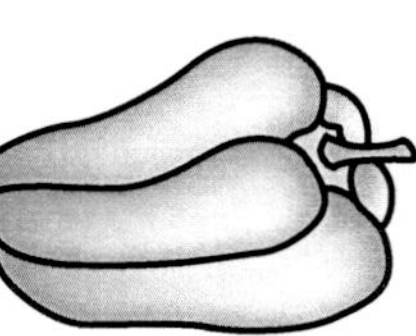

③

④

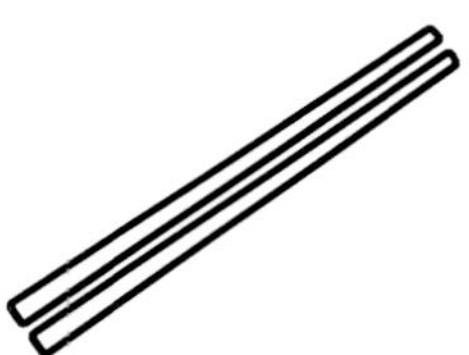

⑤

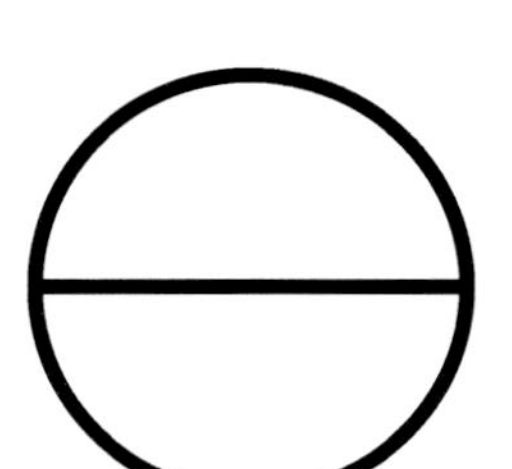
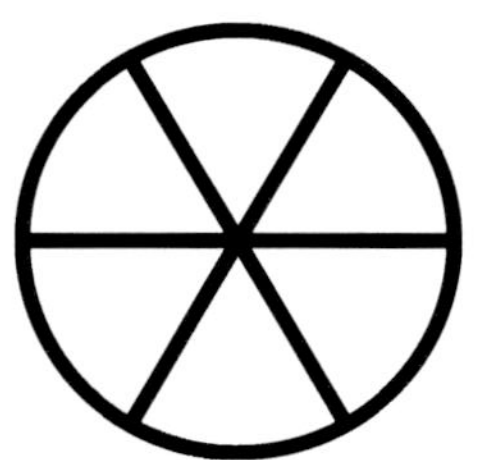
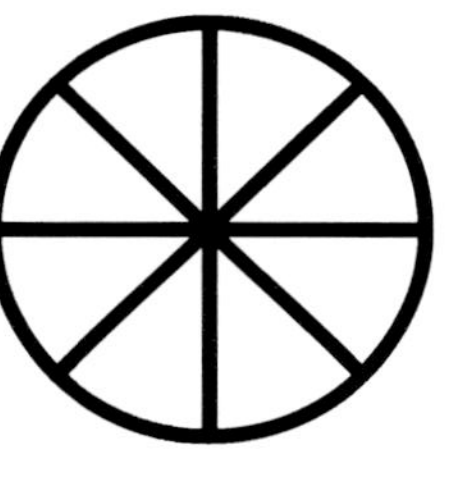
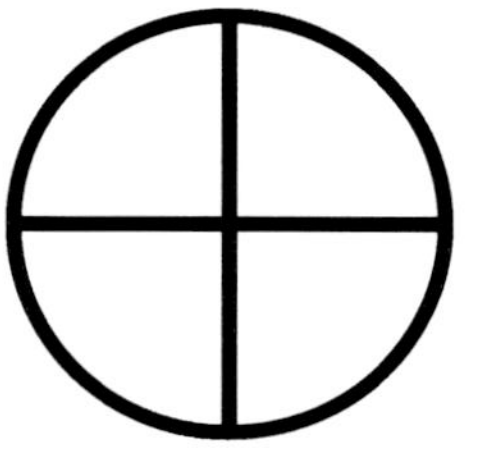

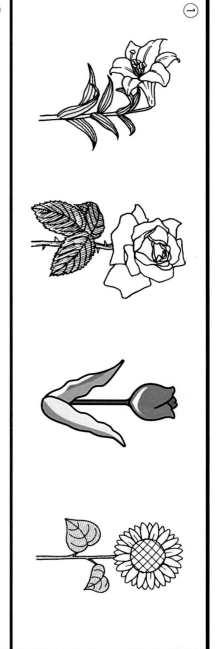

問題２８

①

②

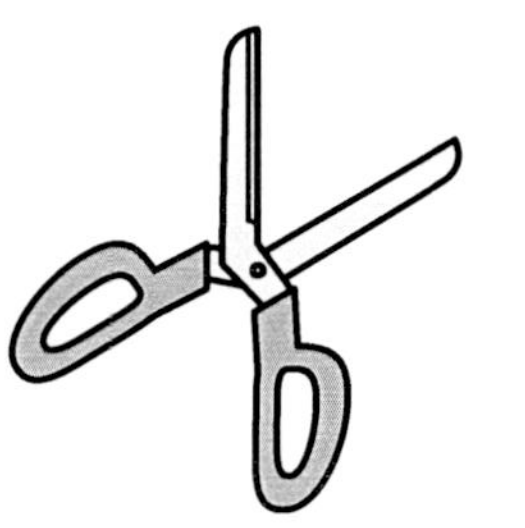

問題２９

問題30

①半分に折る

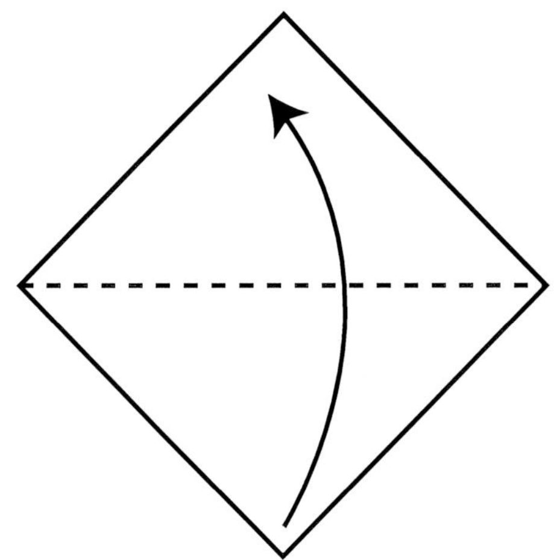

②折り線のところで半分に切る

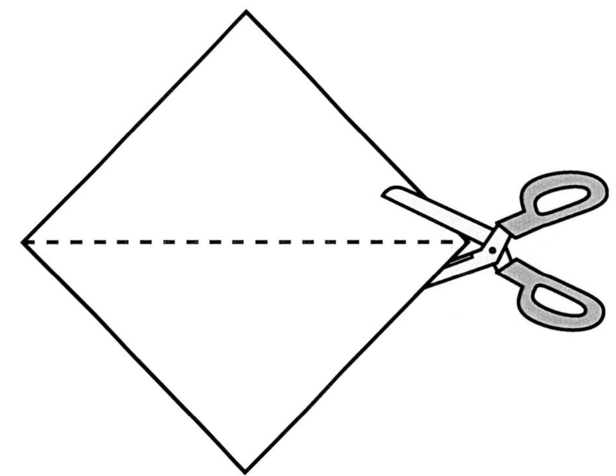

③さらに半分に折る

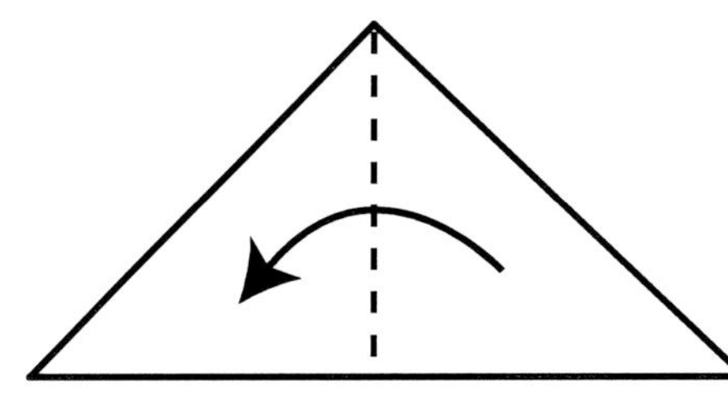

④折り線のところで半分に切る

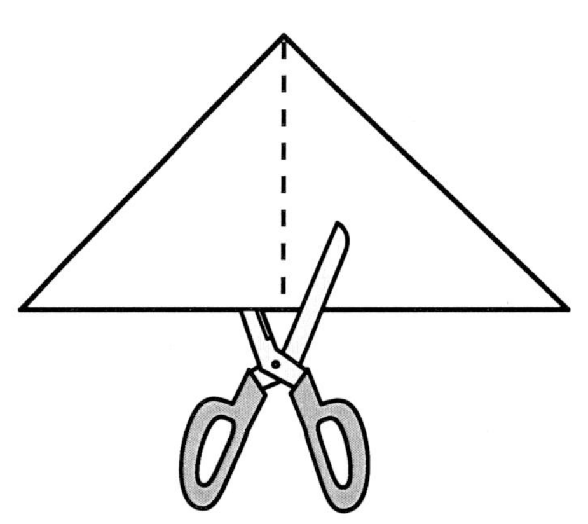

⑤画用紙の上に紙を貼り、クレヨンで絵を描く

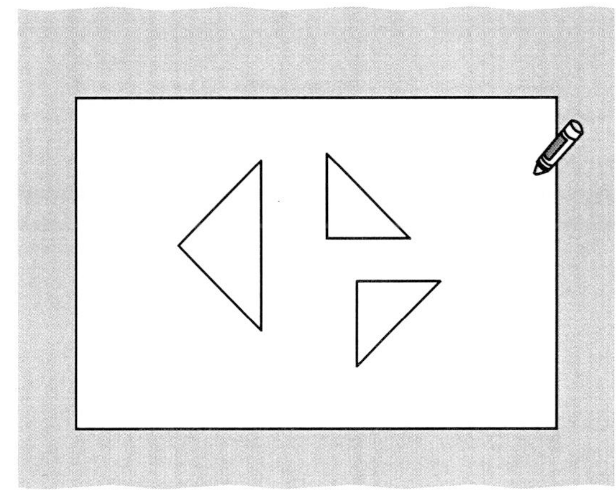

問題３２

①

②

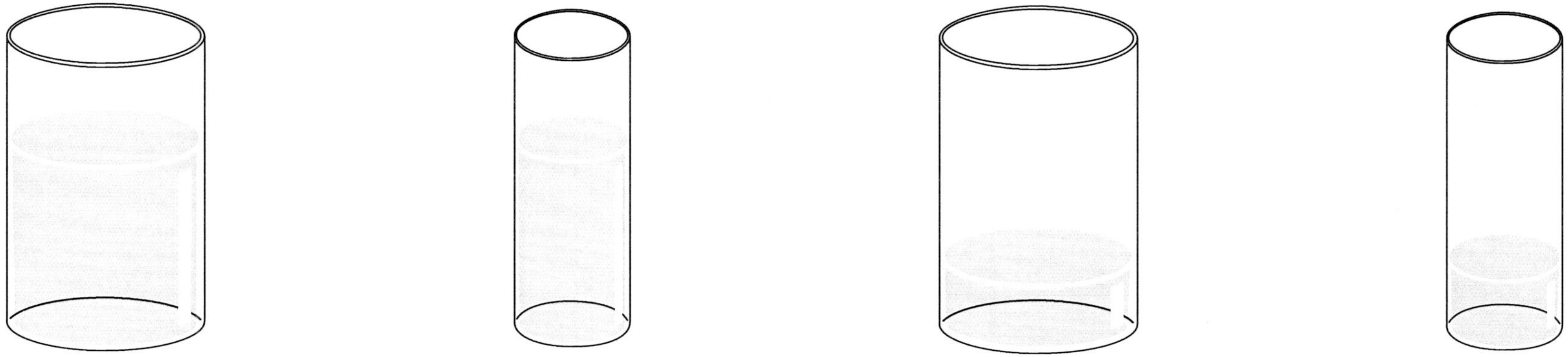

③

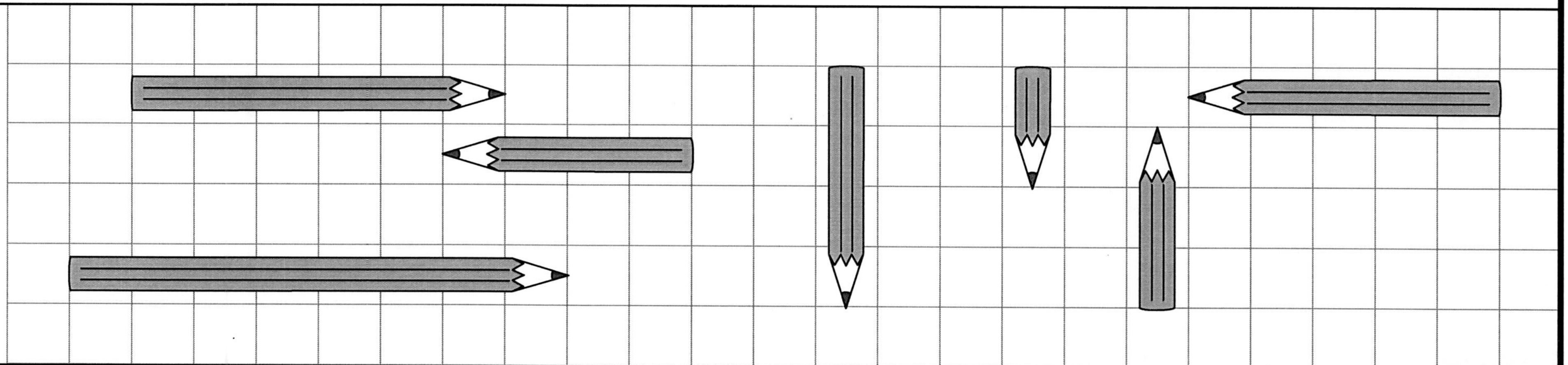

問題３３

①

?
?

②

?
?

問題３４

①

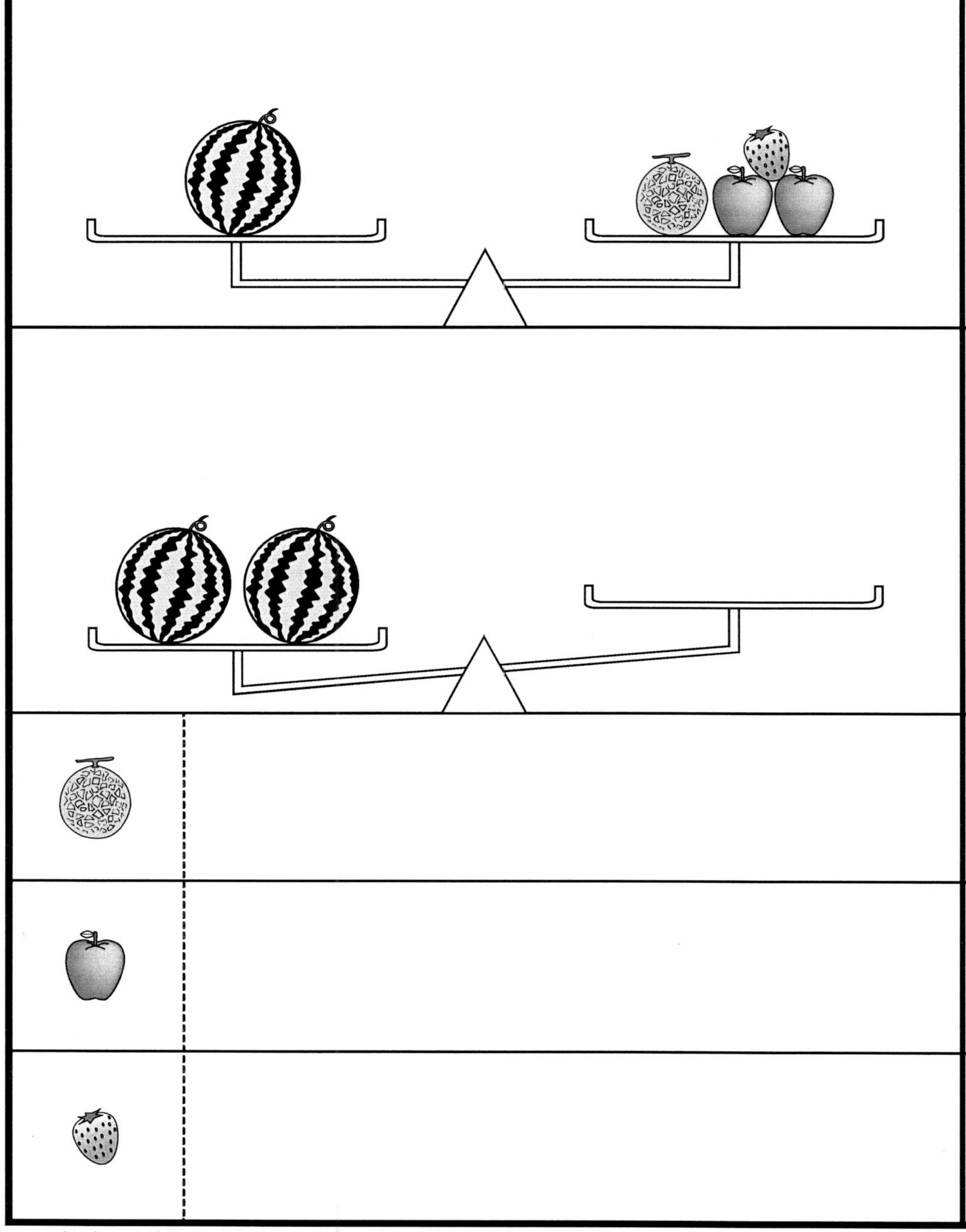

②

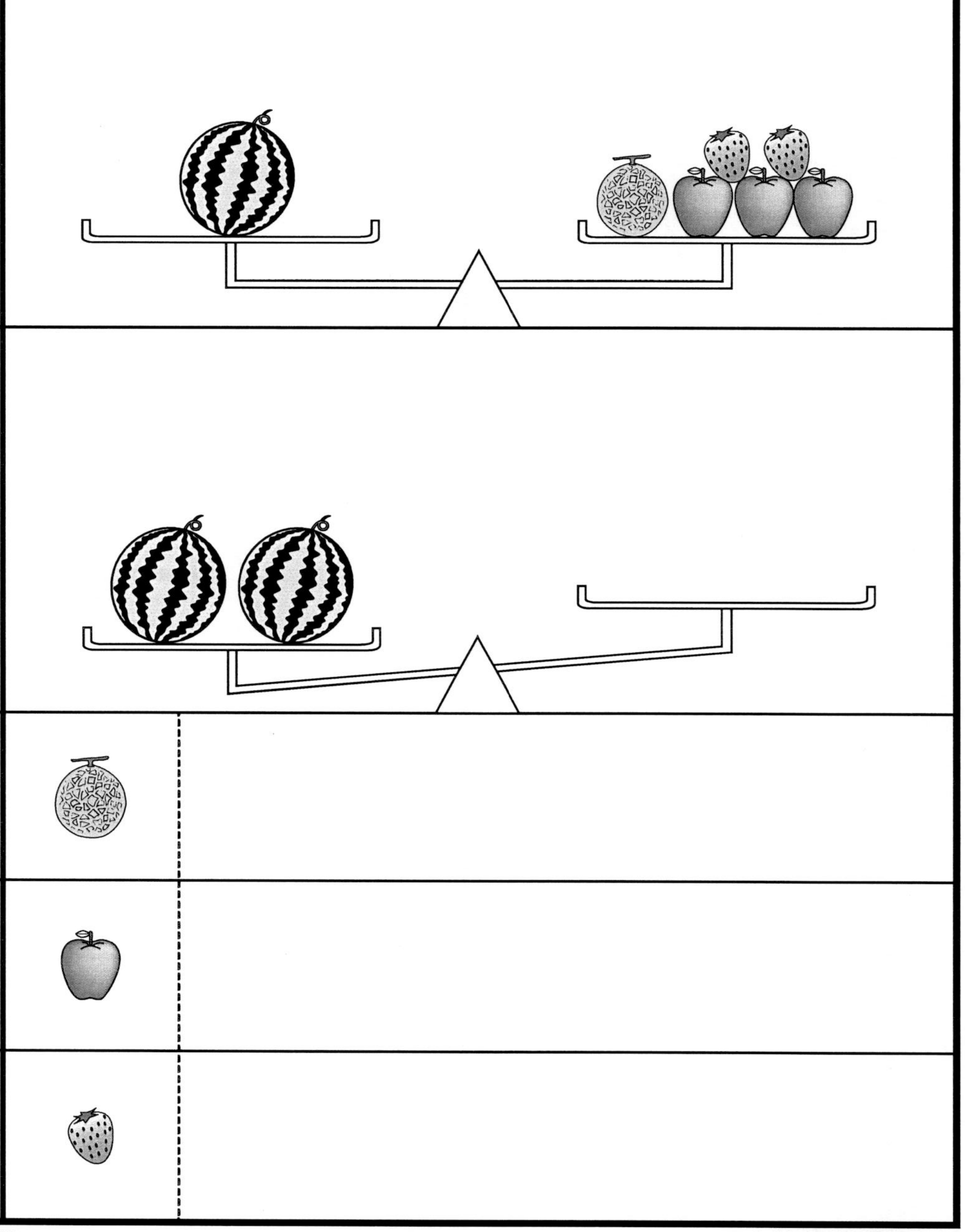

日本学習図書株式会社

問題３５

①

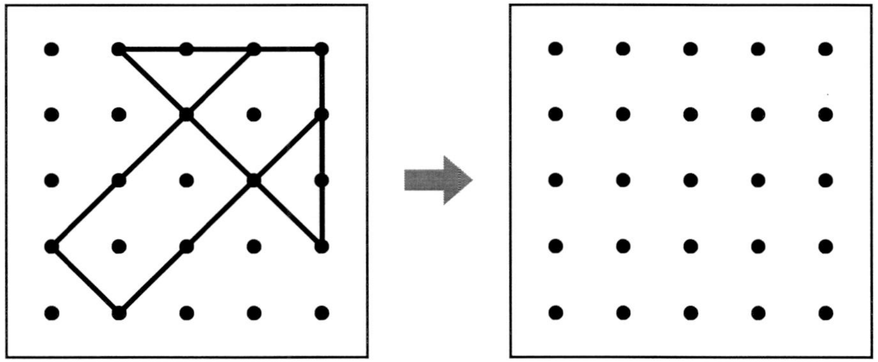

②

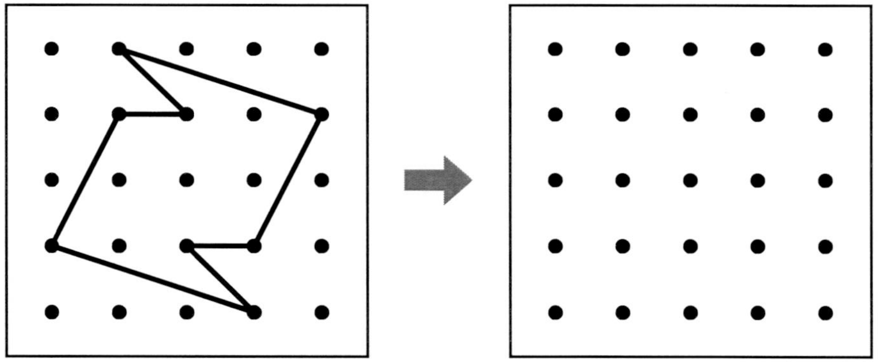

③

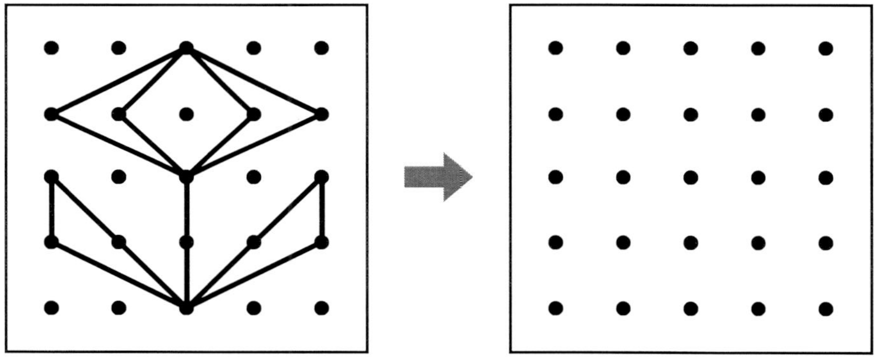

④

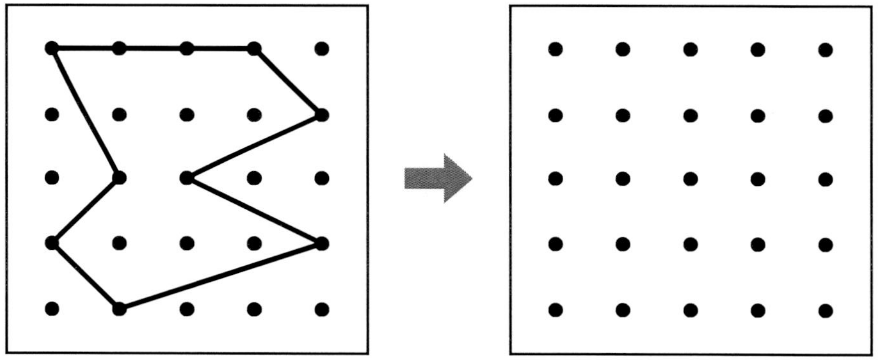

問題３６

①

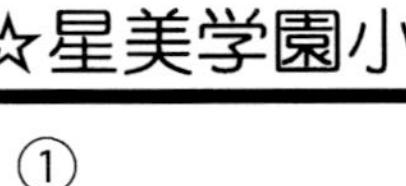

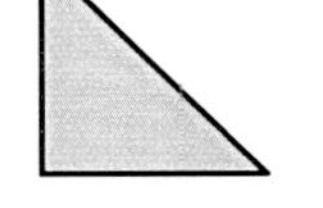
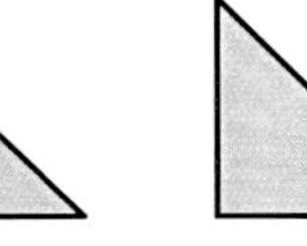
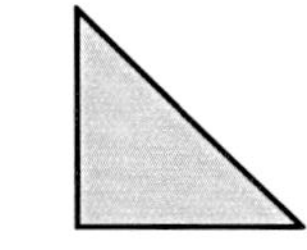
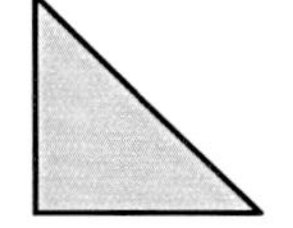
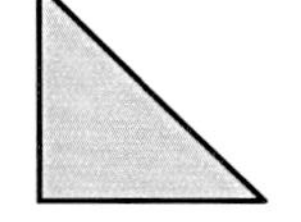
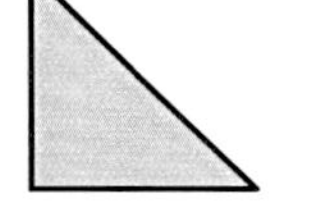
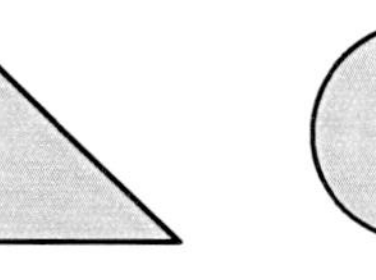
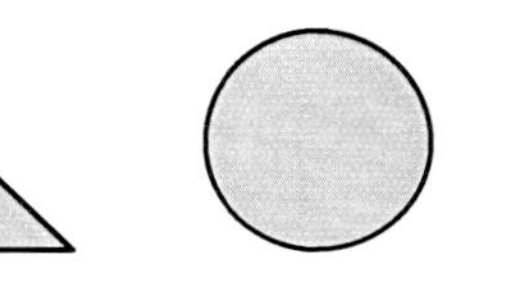

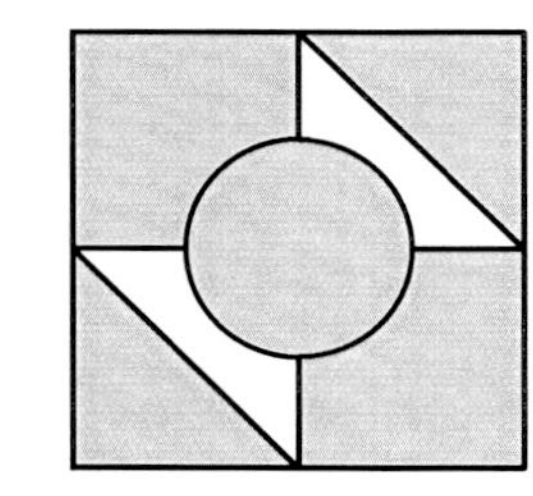
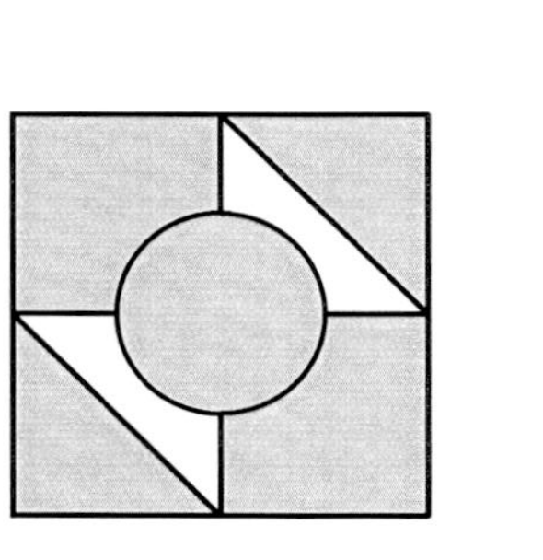

②

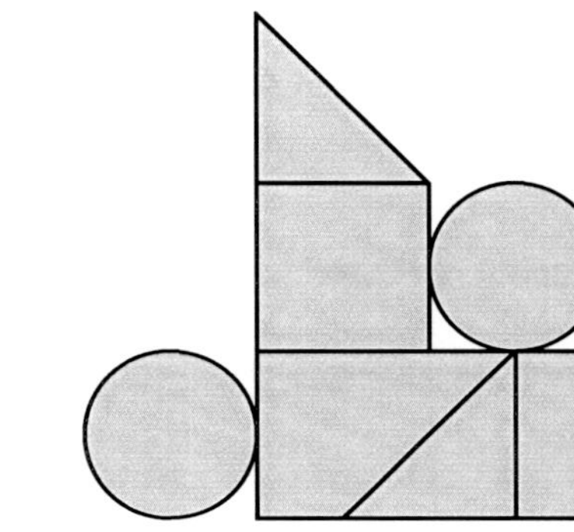
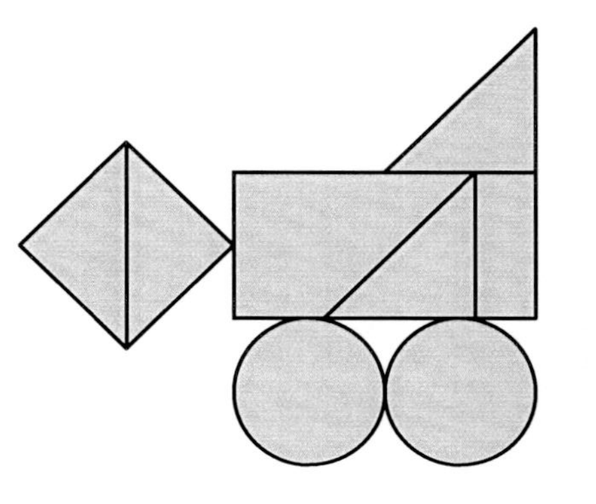
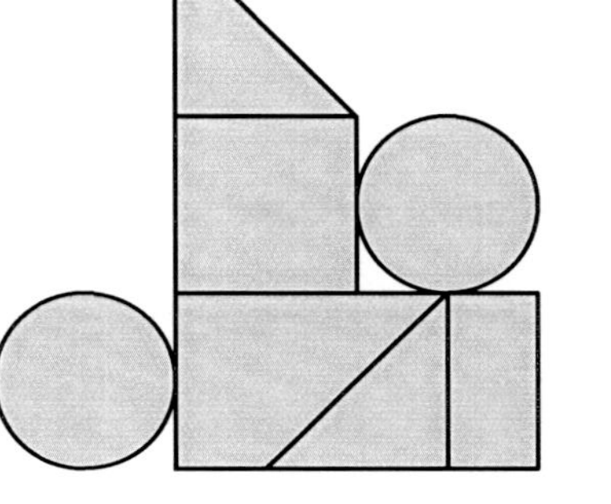

　

問題３７－１

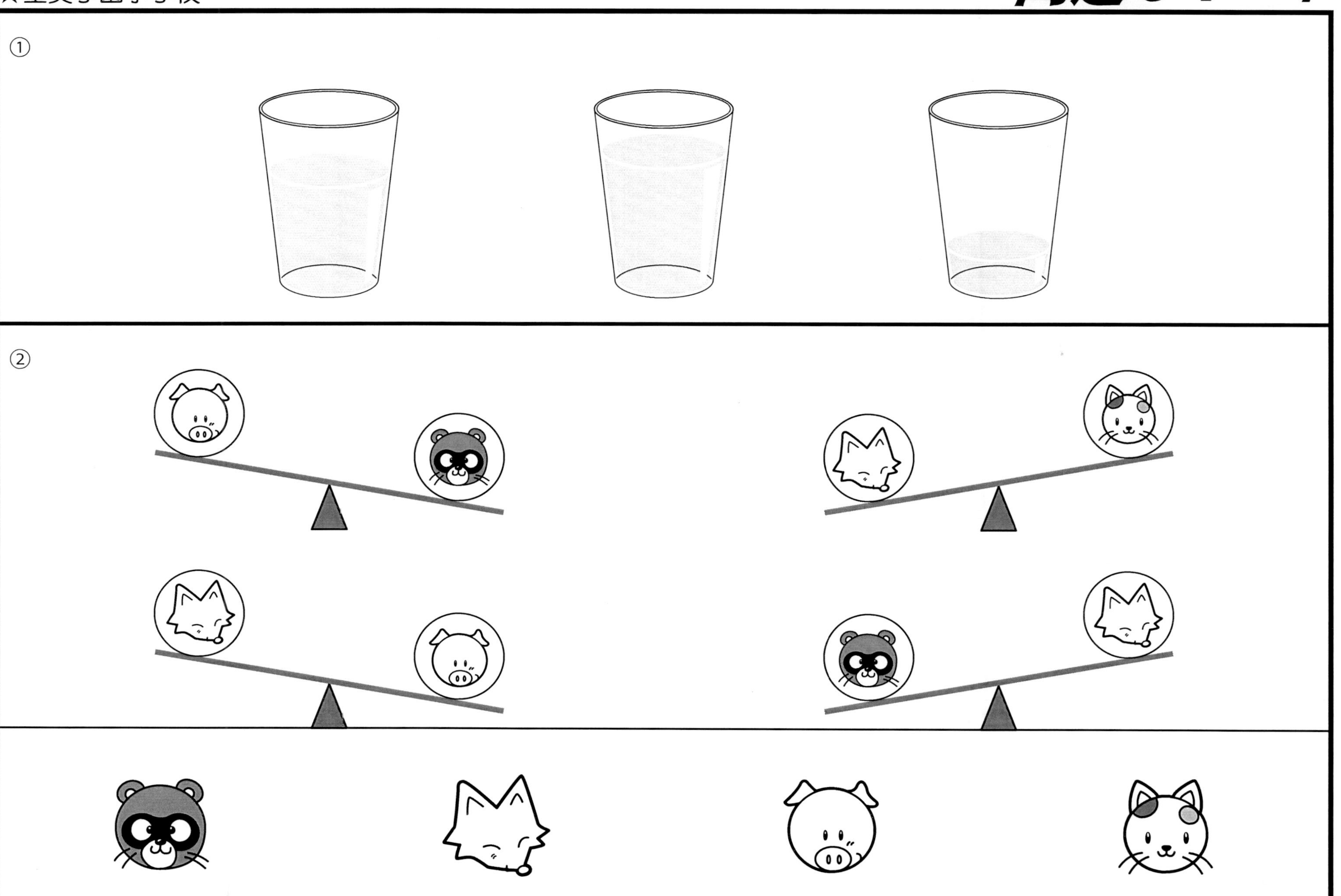

問題37－2

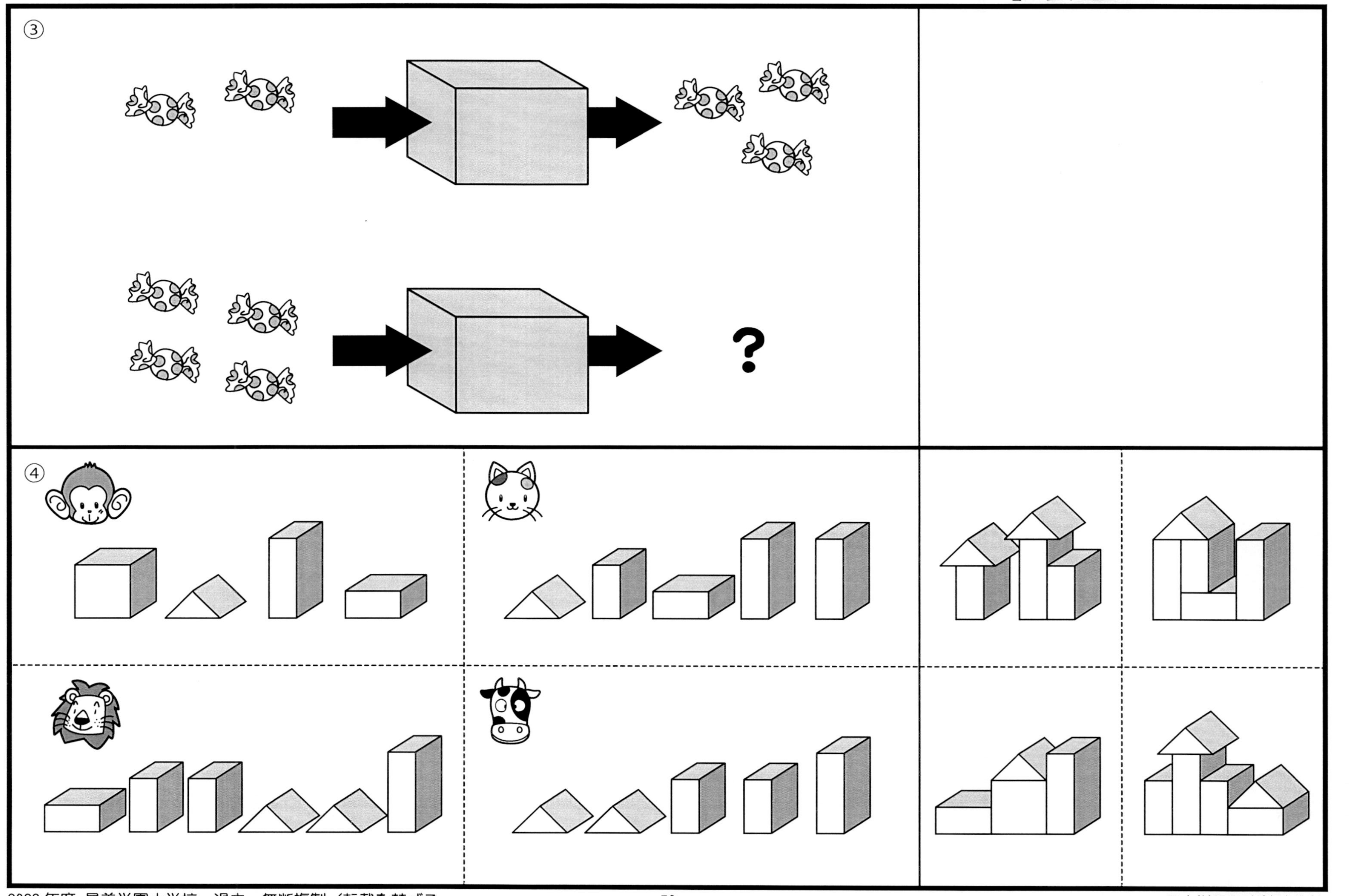

問題38－1

①

②

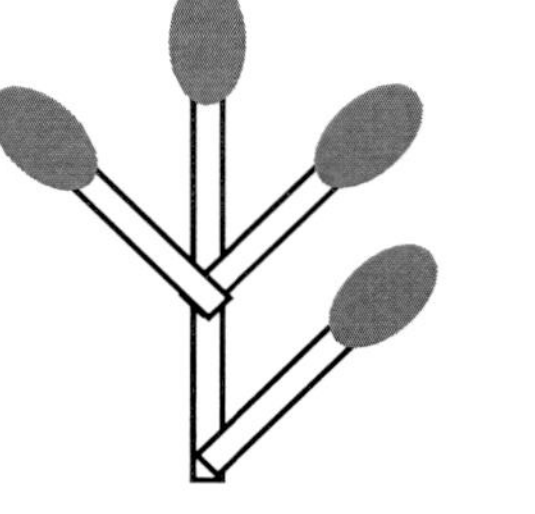

問題38－2

①

②

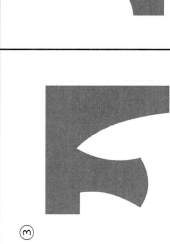

③

☆星美学園小学校

問題３９

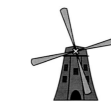

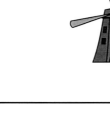

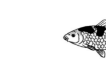

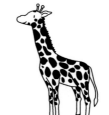

①

②

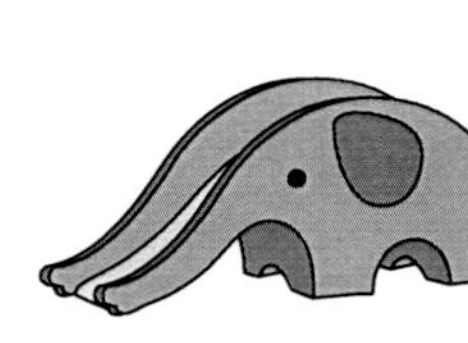
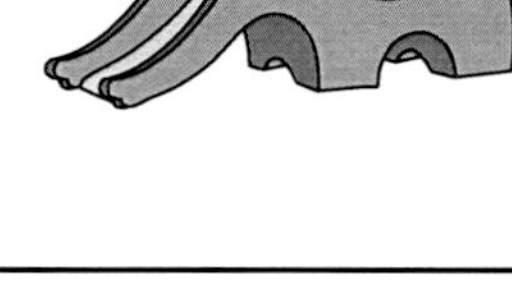

③

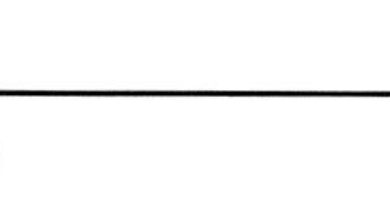

④

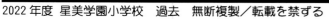

問題４０－１

問題４０－２

   日本学習図書株式会社

問題４０－３

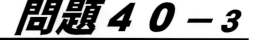

問題４０－４

問題41

①

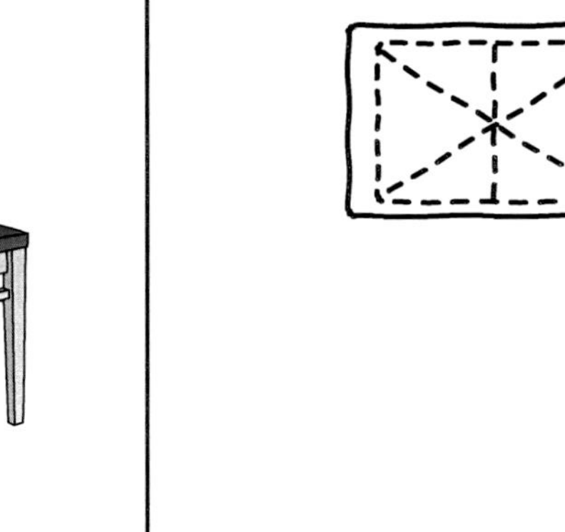

②

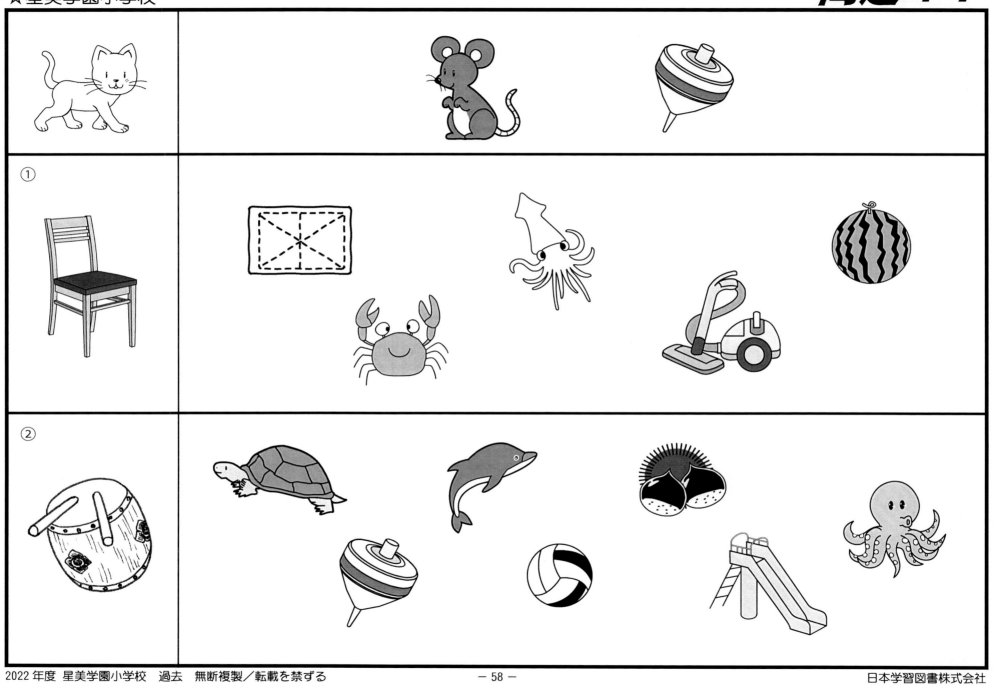

問題４２

問題４３

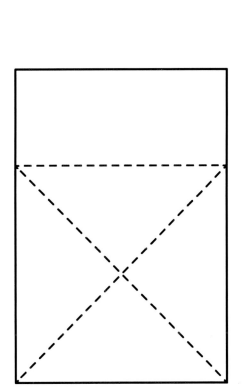

<準備>
画用紙の短い方の辺に合わせた正方形、その正方形の対角線になるように、点線を引く。

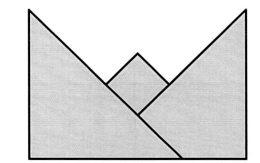

<見本>
準備した紙の三角形を３枚使って、図のような形を作り、のりで貼り合わせる。

分野別 小学入試練習帳 ジュニアウォッチャー

分野	内容
1．点・線図形	小学校入試で出題頻度の高い『点・線図形』の模写を、難易度の低いものから段階別に幅広く練習することができるように構成。
2．座標	図形の位置模写という作業を、難易度の低いものから段階別に練習できるように構成。
3．パズル	様々なパズルの問題を難易度の低いものから段階別に練習できるように構成。
4．同図形探し	小学校入試で出題頻度の高い、同図形選びの問題を繰り返し練習できるように構成。
5．回転・展開	図形などを回転、または展開したとき、形がどのように変化するかを学習し、理解を深められるように構成。
6．系列	数、図形などの様々な系列問題を、難易度の低いものから段階別に練習できるように構成。
7．迷路	迷路の問題を繰り返し練習できるように構成。
8．対称	対称に関する問題を４つのテーマに分類し、各テーマごとに問題を段階別に練習できるように構成。
9．合成	図形の合成に関する問題を、難易度の低いものから段階別に練習できるように構成。
10．四方からの観察	もの（立体）を様々な角度から見て、どのように見えるかを推理する問題を段階別に整理し、１つの形式で複数の問題を練習できるように構成。
11．いろいろな仲間	ものや動物、植物の共通点を見つけ、分類していく問題を中心に構成。
12．日常生活	日常生活における様々な問題を６つのテーマに分類し、各テーマごとに一つの問題形式で複数の問題を練習できるように構成。
13．時間の流れ	『時間』に着目し、様々なものごとは、時間が経過するとどのように変化するのかということを学習し、理解できるように構成。
14．数える	様々なものを『数える』ことから、数の多少の判定やかけ算、わり算の基礎までを練習できるように構成。
15．比較	比較に関する問題を５つのテーマ（数、高さ、長さ、量、重さ）に分類し、各テーマごとに問題を段階別に練習できるように構成。
16．積み木	数える対象を積み木に限定した問題集。
17．言葉の音遊び	言葉の音に関する問題を５つのテーマに分類し、各テーマごとに問題を段階別に練習できるように構成。
18．いろいろな言葉	表現力をより豊かにするいろいろな言葉として、擬態語や擬声語、同音異義語、反意語、数詞を取り上げた問題集。
19．お話の記憶	お話を聴いてその内容を記憶、理解し、設問に答える形式の問題集。
20．見る記憶・聴く記憶	「見て憶える」「聴いて憶える」という『記憶』分野に特化した問題集。
21．お話作り	いくつかの絵を元にしてお話を作る練習をして、想像力を養うことができるように構成。
22．想像画	描かれてある形や景色に好きな絵を描くことにより、想像力を養うことができるように構成。
23．切る・貼る・塗る	小学校入試で出題頻度の高い、はさみやのりなどを用いた巧緻性の問題を繰り返し練習できるように構成。
24・絵画	小学校入試で出題頻度の高い、お絵かきやぬり絵などクレヨンやクーピーペンを用いた巧緻性の問題を繰り返し練習できるように構成。
25．生活巧緻性	小学校入試で出題頻度の高い日常生活の様々な場面における巧緻性の問題集。
26．文字・数字	ひらがなの清音、濁音、拗音、拗長音、促音と１～20までの数字に焦点を絞り、練習できるように構成。
27．理科	小学校入試で出題頻度が高くなりつつある理科の問題を集めた問題集。
28．運動	出題頻度の高い運動問題を種目別に分けて構成。
29．行動観察	項目ごとに問題提起をし、「このような時はどうか、あるいはどう対処するのか」の観点から問いかける形式の問題集。
30．生活習慣	学校から家庭に提起された問題と思って、一問一問絵を見ながら話し合い、考える形式の問題集。
31．推理思考	数、量、言語、常識（含理科、一般）など、諸々のジャンルから問題を構成し、近年の小学校入試問題傾向に沿って構成。
32．ブラックボックス	箱や筒の中を通ると、どのようなお約束でどのように変化するかを推理・思考する問題集。
33．シーソー	重さの違うものをシーソーに乗せた時どちらに傾くのか、またどうすればシーソーは釣り合うのかを思考する基礎的な問題集。
34．季節	様々な行事や植物などを季節別に分類できるように知識をつける問題集。
35．重ね図形	小学校入試で頻繁に出題されている「図形を重ね合わせてできる形」についての問題を集めました。
36．同数発見	様々な物を数え「同じ数」を発見し、数の多少の判断や数の認識の基礎を学べるように構成した問題集。
37．選んで数える	数の学習の基本となる、いろいろなものの数を正しく数える学習を行う問題集。
38．たし算・ひき算１	数字を使わず、たし算とひき算の基礎を身につけるための問題集。
39．たし算・ひき算２	数字を使わず、たし算とひき算の基礎を身につけるための問題集。
40．数を分ける	数を等しく分ける問題です。等しく分けたときに余りが出るものもあります。
41．数の構成	ある数がどのような数で構成されているか学んでいきます。
42．一対多の対応	一対一の対応から、一対多の対応まで、かけ算の考え方の基礎学習を行います。
43．数のやりとり	あげたり、もらったり、数の変化をしっかりと学びます。
44．見えない数	指定された条件から数を導き出します。
45．図形分割	図形の分割に関する問題集。パズルや合成の分野にも通じる様々な問題を集めました。
46．回転図形	「回転図形」に関する問題集。やさしい問題から始め、いくつかの代表的なパターンから、段階を踏んで学習できるよう編集されています。
47．座標の移動	「マス目の指示通りに移動する問題」と「指示された数だけ移動する問題」を収録。
48．鏡図形	鏡で左右反転させた時の見え方を考えます。平面図形から立体図形、文字、絵まで。
49．しりとり	すべての学習の基礎となる「言葉」を学ぶこと、特に「語彙」を増やすことに重点をおき、さまざまなタイプの「しりとり」問題を集めました。
50．観覧車	観覧車やメリーゴーラウンドなどを舞台にした「回転系列」の問題集。「推理思考」分野の問題ですが、要素として「図形」や「数量」も含みます。
51．運筆①	鉛筆の持ち方を学び、点線なぞり、お手本を見ながらの模写で、線を引く練習をします。
52．運筆②	運筆①からさらに発展し、「欠所補完」や「迷路」などを楽しみながら、より複雑な鉛筆運びを習得することを目指します。
53．四方からの観察 積み木編	積み木を使用した「四方からの観察」に関する問題を練習できるように構成。
54．図形の構成	見本の図形がどのような部分によって形づくられているかを考えます。
55．理科②	理科的知識に関する問題を集中して練習する「常識」分野の問題集。
56．マナーとルール	道路や駅、公共の場でのマナー、安全や衛生に関する常識を学べるように構成。
57．置き換え	さまざまな具体的・抽象的事象を記号で表す「置き換え」の問題を扱います。
58．比較②	長さ・高さ・体積・数などを数学的な知識を使わず、論理的に推測する「比較」の問題を練習できるように構成。
59．欠所補完	線と線のつながり、欠けた絵に当てはまるものなどを求める「欠所補完」に取り組める問題集です。
60．言葉の音（おん）	しりとり、決まった順番の音をつなげるなど、「言葉の音」に関する問題に取り組める練習問題集です。

◆◆ニチガクのおすすめ問題集◆◆

より充実した家庭学習を目指し、ニチガクではさまざまな問題集をとりそろえております!!

ジュニアウォッチャー（既刊60巻）

①〜⑥⓪（以下続刊）
本体各￥1,500＋税

入試出題頻度の高い9分野を、さらに60の項目に細分化した問題集が出来ました。
苦手分野におけるつまずきを効率よく克服するための60冊となっており、小学校受験における基礎学習にぴったりの問題集です。ポイントが絞られているため、無駄なく学習を進められる、まさに小学校受験問題集の入門編です。

国立・私立NEWウォッチャーズ

言語／理科／図形／記憶
常識／数量／推理
各2巻・全14巻
本体各￥2,000＋税

シリーズ累計発行部数40万部以上を誇る大ベストセラー「ウォッチャーズシリーズ」の趣旨を引き継ぐ新シリーズができました！
こちらは国立・私立それぞれの出題傾向に合わせた分野別問題集です。全問「解答のポイント」「ミシン目」付き、切り離し可能なプリント学習タイプで家庭学習におすすめです！

まいにちウォッチャーズ（全16巻）

導入編／練習編
実践編／応用編　各4巻
本体各￥2,000＋税

シリーズ累計発行部数40万部以上を誇る大ベストセラー「ウォッチャーズシリーズ」の趣旨を引き継ぐ新シリーズができました！
こちらは、お子さまの学習進度に合わせ、全分野を網羅できる総合問題集です。全問「解答のポイント」「ミシン目」付き、切り離し可能なプリント学習タイプで家庭学習におすすめです！

実践 ゆびさきトレーニング①・②・③

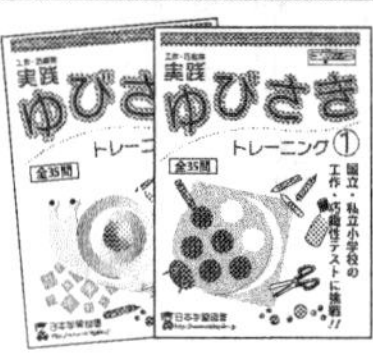

①・②・③　全3巻
本体　各￥2,500＋税

制作問題に特化した問題集ができました。
有名校が実際に出題した問題を分析し、類題を各35問ずつ掲載しています。様々な道具の扱い方（はさみ・のり・セロハンテープの使い方）から、手先・指先の訓練（ちぎる・貼る・塗る・切る・結ぶ）、表現することの楽しさも学習することができる問題集です。

お話の記憶問題集

初級編
本体￥2,600＋税
中級編／上級編
本体各￥2,000＋税

「お話の記憶」分野の問題集ができました。
あらゆる学習に不可欠な、語彙力・集中力・記憶力・理解力・想像力を養うと言われているのが「お話の記憶」という分野です。難易度別に収録されていますので、まずは初級編、慣れてきたら中級編・上級編と学習を進められます。

分野別 苦手克服シリーズ（全6巻）

図形／数量／言語
常識／記憶／推理
本体各￥2,000＋税

お子さまの苦手を克服する問題集ができました。
アンケートに基づき、多くのお子さまが苦手とする数量・図形・言語・常識・記憶の6分野を、それぞれ問題集にまとめました。全問アドバイス付きですので、ご家庭において、そのつまづきを解消するためのプロセスも理解できます。

運動テスト・ノンペーパーテスト問題集

新 運動テスト問題集
本体￥2,200＋税

新 ノンペーパーテスト問題集
本体￥2,600＋税

ノンペーパーテストは国立・私立小学校で幅広く出題される、筆記用具を使用しない分野の問題を全40問掲載しています。
運動テスト問題集は運動分野に特化した問題集です。指示の理解や、ルールを守る訓練など、ポイントを押さえた学習に最適。全35問掲載。

口頭試問・面接テスト問題集

新 口頭試問・個別テスト問題集
本体￥2,500＋税

面接テスト問題集
本体￥2,000＋税

口頭試問は主に個別テストとして口頭で出題解答を行うテスト形式、面接は主に「考え」やふだんの「あり方」をたずねられるものです。
口頭で答える点は同じですが、内容は大きく異なります。想定する質問内容や答え方の幅を広げるために、どちらも手にとっていただきたい問題集です。

小学校受験 厳選難問集 ①・②

①・②・③　全3巻
本体各￥2,600＋税

実際に出題された入試問題の中から、難易度の高い問題をピックアップし、アレンジした問題集です。応用問題への挑戦は、基礎の理解度を測るだけでなく、お子さまの達成感・知的好奇心を触発します。
①は数量・図形・推理・言語、②は位置・常識・比較・記憶分野を掲載しています。各40問。

国立小学校　入試問題総集編

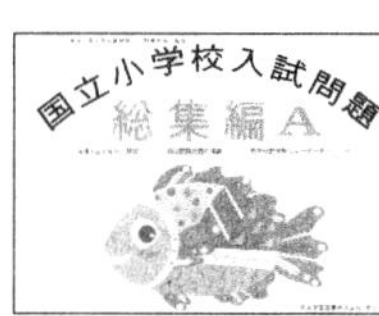

A・B・C（全3巻）
本体各￥3,282＋税

国立小学校頻出の問題を厳選して収録した問題集です。細かな指導方法やアドバイスが掲載してあり、効率的な学習が進められます。
難易度別の収録となっており、お子さまの学習進度に合わせて利用できます。付録のレーダーチャートにより得意・不得意を認識でき、国立小学校受験対策に最適な総合問題集です。

おうちでチャレンジ ①・②

①・②　全2巻
本体　各￥1,800＋税

関西最大級の模擬試験『小学校受験標準テスト』ペーパー問題を編集した、実力養成に最適な問題集です。延べ受験者数10,000人以上のデータを分析し、お子さまの習熟度・到達度を一目で判別できるようになっています。
保護者必読の特別アドバイス収録！学習習熟度を測るためにも、定期的に活用したい一冊です。

Q&Aシリーズ

『小学校受験で知っておくべき125のこと』
『新 小学校受験の入試面接Q&A』
『新 小学校受験 願書・アンケート文例集500』

本体各￥2,600＋税

「知りたい！」「聞きたい！」
「こんな時どうすれば…？」
そんな疑問や悩みにお答えする、当社で人気の保護者向け書籍です。受験を考え始めた保護者の方や、実際に入試の出願・面接などを控えている直前の保護者の方など、さまざまな場面で参考にしていただける書籍となっています。

書籍についてのご注文・お問い合わせ
☎ 03-5261-8951

http://www.nichigaku.jp
※ご注文方法、書籍についての詳細は、Webサイトをご覧ください。

日本学習図書　検索

図書カード 1000 円分プレゼント

ご記入日　　年　月　日

☆国・私立小学校受験アンケート☆

※可能な範囲でご記入下さい。選択肢は○で囲んで下さい。

〈小学校名〉＿＿＿＿＿＿＿＿ 〈お子さまの性別〉男・女　〈誕生月〉＿＿月

〈その他の受験校〉（複数回答可）＿＿＿＿＿＿＿＿

〈受験日〉①：＿月＿日〈時間〉＿時＿分 ～ ＿時＿分

②：＿月＿日〈時間〉＿時＿分 ～ ＿時＿分

〈受験者数〉男女計＿名（男子＿名　女子＿名）

〈お子さまの服装〉＿＿＿＿＿＿＿＿

〈入試全体の流れ〉（記入例）準備体操→行動観察→ペーパーテスト

＿＿＿＿＿＿＿＿

Eメールによる情報提供

日本学習図書では、Eメールでも入試情報を募集しております。

下記のアドレスに、アンケートの内容をご入力の上、メールをお送り下さい。

ojuken@nichigaku.jp

●行動観察　（例）好きなおもちゃで遊ぶ・グループで協力するゲームなど

〈実施日〉＿月＿日〈時間〉＿時＿分 ～ ＿時＿分〈着替え〉□有 □無

〈出題方法〉□肉声 □録音 □その他（　　　）〈お手本〉□有 □無

〈試験形態〉□個別 □集団（　　人程度）　〈会場図〉

〈内容〉

□自由遊び

＿＿＿＿＿＿＿＿

□グループ活動

＿＿＿＿＿＿＿＿

□その他

＿＿＿＿＿＿＿＿

●運動テスト（有・無）　（例）跳び箱・チームでの競争など

〈実施日〉＿月＿日〈時間〉＿時＿分 ～ ＿時＿分〈着替え〉□有 □無

〈出題方法〉□肉声 □録音 □その他（　　　）〈お手本〉□有 □無

〈試験形態〉□個別 □集団（　　人程度）　〈会場図〉

〈内容〉

□サーキット運動

□走り □跳び箱 □平均台 □ゴム跳び

□マット運動 □ボール運動 □なわ跳び

□クマ歩き

□グループ活動＿＿＿＿＿＿＿＿

□その他＿＿＿＿＿＿＿＿

●知能テスト・口頭試問

〈実施日〉＿＿月＿＿日〈時間〉＿＿時＿＿分 ～ ＿＿時＿＿分〈お手本〉□有 □無

〈出題方法〉□肉声 □録音 □その他（　　　　　）〈問題数〉＿＿枚 ＿＿問

分野	方法	内　容	詳　細・イ　ラ　ス　ト
（例） お話の記憶	☑筆記 □口頭	動物たちが待ち合わせをする話	（あらすじ） 動物たちが待ち合わせをした。最初にウサギさんが来た。次にイヌくんが、その次にネコさんが来た。最後にタヌキくんが来た。 （問題・イラスト） ３番目に来た動物は誰か
お話の記憶	□筆記 □口頭		（あらすじ） （問題・イラスト）
図形	□筆記 □口頭		
言語	□筆記 □口頭		
常識	□筆記 □口頭		
数量	□筆記 □口頭		
推理	□筆記 □口頭		
その他	□筆記 □口頭		

●制作　（例）ぬり絵・お絵かき・工作遊びなど

〈実施日〉＿月＿日〈時間〉＿時＿分～＿時＿分

〈出題方法〉 □肉声 □録音 □その他（　　　） 〈お手本〉□有 □無

〈試験形態〉 □個別 □集団（　　人程度）

材料・道具	制作内容
□ハサミ □のり（□つぼ □液体 □スティック） □セロハンテープ □鉛筆 □クレヨン（　色） □クーピーペン（　色） □サインペン（　色）□ □画用紙（□ A4 □ B4 □ A3 □その他：　　　） □折り紙 □新聞紙 □粘土 □その他（　　　）	□切る □貼る □塗る □ちぎる □結ぶ □描く □その他（　　　） タイトル：＿＿＿＿

●面接

〈実施日〉＿月＿日〈時間〉＿時＿分～＿時＿分〈面接担当者〉＿名

〈試験形態〉□志願者のみ（　）名 □保護者のみ □親子同時 □親子別々

〈質問内容〉

□志望動機　□お子さまの様子

□家庭の教育方針

□志望校についての知識・理解

□その他（　　　）

（詳　細）

・

・

・

・

※試験会場の様子をご記入下さい。

例

校長先生　教頭先生

父　子　母

出入口

●保護者作文・アンケートの提出（有・無）

〈提出日〉 □面接直前 □出願時 □志願者考査中 □その他（　　　）

〈下書き〉 □有 □無

〈アンケート内容〉

（記入例）当校を志望した理由はなんですか（150 字）

●説明会（□有　□無）〈開催日〉　　月　　日〈時間〉　　時　　分　～　　時　　分

〈上履き〉 □要　□不要 〈願書配布〉 □有　□無 〈校舎見学〉 □有　□無

〈ご感想〉

●参加された学校行事（複数回答可）

公開授業〈開催日〉　　月　　日〈時間〉　　時　　分　～　　時　　分

運動会など〈開催日〉　　月　　日〈時間〉　　時　　分　～　　時　　分

学習発表会・音楽会など〈開催日〉　　月　　日〈時間〉　　時　　分　～　　時　　分

〈ご感想〉

※是非参加したほうがよいと感じた行事について

●受験を終えてのご感想、今後受験される方へのアドバイス

※対策学習（重点的に学習しておいた方がよい分野）、当日準備しておいたほうがよい物など

＊＊＊＊＊＊＊＊＊＊＊＊　ご記入ありがとうございました　＊＊＊＊＊＊＊＊＊＊＊＊

必要事項をご記入の上、ポストにご投函ください。

なお、本アンケートの送付期限は入試終了後３ヶ月とさせていただきます。また、入試に関する情報の記入量が当社の基準に満たない場合、謝礼の送付ができないことがございます。あらかじめご了承ください。

ご住所：〒

お名前：　　メール：

ＴＥＬ：　　ＦＡＸ：

アンケートのご記入ありがとうございました

ご記入頂いた個人に関する情報は、当社にて厳重に管理致します。弊社の個人情報取り扱いに関する詳細は、www.nichigaku.jp/policy.php の「個人情報の取り扱い」をご覧下さい。

家庭学習をトータルサポート！ ニチガクのオリジナル 効果的 学習法

1 まずはアドバイスページを読む！

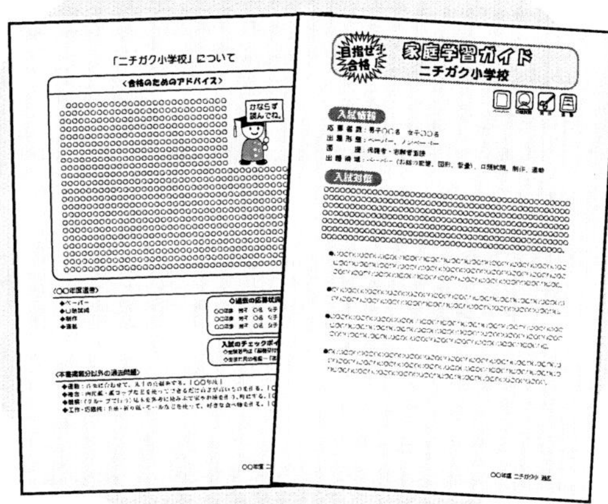

ピンク色です

対策や試験ポイントがぎっしりつまった「家庭学習ガイド」。しっかり読んで、試験の傾向をおさえよう！

過去問のこだわり

最新問題は問題ページ、イラストページ、解答・解説ページが独立しており、お子さまにすぐに取り掛かっていただける作りになっています。
ニチガクの学校別問題集ならではの、学習法を含めたアドバイスを利用して効率のよい家庭学習を進めてください。

2 問題をすべて読み、出題傾向を把握する

3 「学習のポイント」で学校側の観点や問題の解説を熟読

4 はじめて過去問題にチャレンジ！

5 プラスα 対策問題集や類題で力を付ける

各問題のジャンル

問題7 分野：図形（図形の構成） Aグループ男子

〈解答〉 下図参照

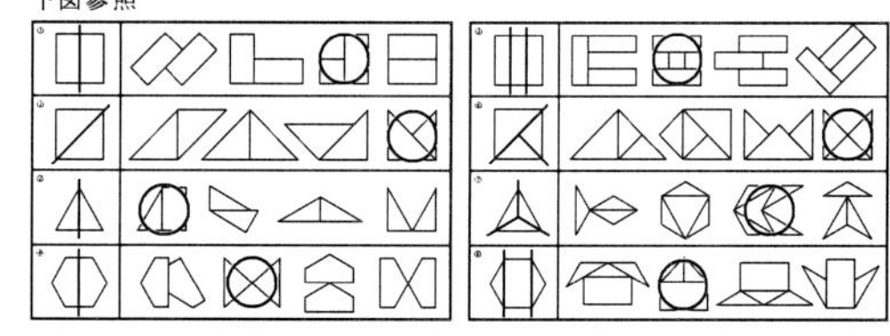

図形の構成の問題です。解答時間が圧倒的に短いので、直感的に答えないと全問答えることはできないでしょう。例年ほど難しい問題ではないので、ある程度準備をしたお子さまなら可能のはずです。注意すべきなのはケアレスミスで、「できないものはどれですか」と聞かれているのに、できるものに○をしたりしてはおしまいです。こういった問題では基礎とも言える問題なので、もしわからなかった場合は基礎問題を分野別の問題集などでおさらいしておきましょう。

【おすすめ問題集】
★ニチガク小学校図形攻略問題集①②★（書店では販売しておりません）
Jr・ウォッチャー9「合成」、54「図形の構成」

学習のポイント

各問題の解説や学校の観点、指導のポイントなどを教えます。
今日から保護者の方が家庭学習の先生に！

おすすめ対策問題集

分野ごとに対策問題集をご紹介。苦手分野の克服に最適です！
＊専用注文書付き。

2022年度版 星美学園小学校 過去問題集

発行日 2021年5月10日
発行所 〒162-0821 東京都新宿区津久戸町3-11-9F
日本学習図書株式会社
電 話 03-5261-8951 ㈹

ISBN978-4-7761-5354-2

9784776153542

定価2,200円
(本体2,000円＋税10%)

1926037020004

詳細は http://www.nichigaku.jp 日本学習図書 検索